Financement de la protection sociale au Cameroun

LE RÔLE DE LA FISCALITÉ GÉNÉRALE, DES COTISATIONS SOCIALES ET DE LA CONTRIBUTION DU SECTEUR INFORMEL

OCDE

dev
CENTRE DE DÉVELOPPEMENT

Cette œuvre est diffusée sous la responsabilité du Secrétaire général de l'OCDE et ne reflète pas nécessairement les vues officielles des pays Membres de l'OCDE.

Ce document, ainsi que les données et cartes qu'il peut comprendre, sont sans préjudice du statut de tout territoire, de la souveraineté s'exerçant sur ce dernier, du tracé des frontières et limites internationales, et du nom de tout territoire, ville ou région.

Merci de citer cet ouvrage comme suit :
OCDE (2026), *Financement de la protection sociale au Cameroun : Le rôle de la fiscalité générale, des cotisations sociales et de la contribution du secteur informel*, Éditions OCDE, Paris, https://doi.org/10.1787/526eff6e-fr.

ISBN 978-92-64-60274-8 (imprimé)
ISBN 978-92-64-49061-1 (PDF)
ISBN 978-92-64-28284-1 (HTML)

Crédits photo : Couverture © Media Lens King/Shutterstock.com.

Les corrigenda des publications de l'OCDE sont disponibles sur : https://www.oecd.org/fr/publications/support/corrigenda.html.

Avant propos

Le Centre de politique et d'administration fiscales et le Centre de développement de l'OCDE collaborent dans le cadre d'un projet visant à explorer les solutions pour un meilleur financement de la protection sociale, par le biais de la fiscalité générale, des cotisations sociales et de la contribution du secteur informel dans les pays à revenu faible et intermédiaire. Ce rapport s'inscrit dans ce projet, financé par l'Agence suédoise de coopération internationale pour le développement (Sida).

Ce rapport a été rédigé par Antoine Cazals et Gioia de Melo, économistes fiscalistes au Centre de politique et d'administration fiscales de l'OCDE, et Pablo Suárez Robles, économiste au Centre de développement de l'OCDE, et a été dirigé par Gioia de Melo sous la supervision et les conseils de Bert Brys, économiste fiscaliste senior, chef de l'unité des politiques fiscales par pays au Centre de politique et d'administration fiscales de l'OCDE. Au Centre de politique et d'administration fiscales de l'OCDE, le rapport a été élaboré sous la direction de la directrice, Manal Corwin, du directeur adjoint, Ben Dickinson, et du chef de la division de la politique et des statistiques fiscales, Kurt Van Dender. Au Centre de développement de l'OCDE, le rapport a été produit sous la supervision de la directrice, Ragnheiður Elín Árnadóttir, de la cheffe de la division du développement inclusif et des partenariats, Bathylle Missika, et du chef de l'unité de la cohésion sociale, Alexandre Kolev.

L'analyse contenue dans ce rapport repose sur des échanges réalisés avec les parties prenantes nationales et les partenaires techniques et financiers, menés notamment lors de la mission de consultation organisée à Yaoundé, en avril 2025. Par ailleurs, le rapport intègre les observations formulées par ces acteurs, recueillies par écrit ou oralement, en particulier lors de l'atelier de validation tenu à Yaoundé le 26 novembre 2025.

L'OCDE remercie l'ensemble des acteurs ayant contribué à cette analyse, avec une reconnaissance particulière pour la Direction Générale des Impôts du Ministère des Finances, et notamment à Fayçal Abdoulaye, chef de la Division de la Législation et des Relations Internationales, pour son engagement actif et son appui tout au long du projet.

Table des matières

GRAPHIQUES

TABLEAUX

Acronymes

APD	Aide Publique au Développement
CAC	Centimes additionnels communaux
CFCE	Centre de Formalité de Création d'Entreprises
CGA	Centre de Gestion Agréé
CGI	Code Général des Impôts
CNPS	Caisse Nationale de Prévoyance Sociale
CSTC	Confédération Syndicale des Travailleurs du Cameroun
CSU	Couverture Santé Universelle
CTN-CSU	Cellule Technique Nationale de la Couverture Santé Universelle
CTD	Collectivité Territoriale Décentralisée
DGI	Direction Générale des Impôts
ECAM	Enquête Camerounaise Auprès des Ménages
EESI	Enquêtes sur l'Emploi et le Secteur Informel
FCFA	Franc de la Coopération Financière en Afrique Centrale
FEICOM	Fonds Spécial d'Équipement et d'Intervention Intercommunale
FMI	Fonds Monétaire Internationale
FSN	Fonds de Solidarité Nationale
IGS	Impôt général synthétique
INS	Institut National de la Statistique
IRPP	Impôt sur le revenu des personnes physiques
IS	Impôt sur les sociétés
MINAC	Ministère des Arts et de la Culture
MINAS	Ministère des Affaires Sociales
MINEPAT	Ministère de l'Économie, de la Planification et de l'Aménagement du Territoire
MINFI	Ministère des Finances
MINJEC	Ministère de la Jeunesse et de l'Éducation Civique
MINPMEESA	Ministère des Petites et Moyennes Entreprises, de l'Économie Sociale et de l'Artisanat

MINPROFF	Ministère de la Promotion de la Femme et de la Famille
MINSANTE	Ministère de la Santé Publique
MINTSS	Ministère du Travail et de la Sécurité Sociale
OCDE	Organisation de Coopération et Développement Économiques
OMS	Organisation Mondiale de la Santé
OIT	Organisation Internationale du Travail
PFS	Projet Filets Sociaux
PIB	Produit intérieur brut
PNPS	Politique Nationale de Protection Sociale
RIL	Régime de l'impôt libératoire
RESUC	Registre Social Unifié
SMIG	Salaire minimum interprofessionnel garanti
SND	Stratégie Nationale de Développement
SSS	Stratégie Sectorielle de la Santé
TVA	Taxe sur la valeur ajoutée
UPI	Unité de production informelle

Résumé exécutif

La protection sociale et la santé constituent des priorités stratégiques pour le développement du Cameroun, comme le souligne la Stratégie Nationale de Développement 2030 (SND). Identifiée comme un levier central de progrès social, la protection sociale au Cameroun vise à réduire la pauvreté, favoriser l'accès à l'emploi décent et mettre en place la Couverture Santé Universelle (CSU) d'ici à 2030. Bien que des réformes importantes aient été engagées, à l'instar du déploiement de la CSU, le développement du Registre Social Unifié (RESUC) et la création projetée d'un Fonds de solidarité nationale (FSN), leur consolidation et leur mise en œuvre effective restent à parachever. Le renforcement de la coordination institutionnelle et l'identification de mécanismes de financement durables apparaissent ainsi essentiels pour accompagner l'extension progressive et cohérente du système de protection sociale.

Le développement de la CSU constitue une avancée importante, mais son déploiement reste partiel. Quatre millions de bénéficiaires disposent d'une carte leur donnant accès aux prestations de santé associées. Des efforts importants en cours restent toutefois nécessaires pour assurer un déploiement effectif sur l'ensemble du territoire et renforcer progressivement le panier de soins. La planification de l'extension géographique de la CSU, de l'élargissement du panier de soins et de leur financement demeure essentielle afin de consolider le dispositif, et en garantir sa durabilité et son efficacité.

Même en introduisant une cotisation santé, davantage de recettes fiscales générales seront nécessaires pour financer l'accroissement des dépenses publiques de santé. Le coût estimé de la CSU à maturité (4-6 % de PIB par an) est substantiel au regard du taux de pression fiscale qui demeure limité. L'introduction d'une cotisation santé assise sur les salaires pour les travailleurs du secteur formel, accompagnée de l'instauration d'une caisse dédiée, pourrait contribuer à financer l'extension progressive de la CSU (par exemple, à court terme, une cotisation fixée à un taux de 3% engendrerait des recettes de l'ordre de 0,2% de PIB). Le budget général de l'État continuera néanmoins de jouer un rôle majeur dans le financement, faisant de la mobilisation accrue de recettes fiscales générales une priorité pour étendre la couverture de la CSU à l'ensemble de la population et enrichir graduellement le panier de soins, dans l'attente que l'emploi se formalise progressivement et de manière significative. De même, le Cameroun pourrait envisager de soumettre les travailleurs du secteur informel aux ressources suffisantes à une forme de contribution, faute de quoi ils demeureraient inéligibles à la CSU et devraient supporter eux-mêmes de leurs dépenses de santé. Cela supposerait un renforcement du RESUC afin d'évaluer efficacement la capacité contributive des individus. Les réformes devront viser à réduire les dépenses de santé des ménages, qui représentaient 70 % de la dépense de santé en 2021, un des niveaux les plus hauts du monde.

La couverture et les dépenses engagées en matière d'assurance et d'assistance sociales demeurent très limitées. Hors santé, seuls 11 % de la population bénéficient d'au moins un programme de protection sociale, un niveau bien en deçà des pays comparables, avec une couverture faible tant en matière d'assistance sociale (4 %) que d'assurance sociale (6 %). Les dépenses publiques de santé et d'assistance sociale sont également très basses et nettement inférieures aux moyennes régionales. Les dispositifs existants sont par ailleurs fortement dépendants des financements extérieurs.

Malgré l'ampleur des besoins en matière de financement de la protection sociale, ceux-ci peuvent être progressivement comblés et des impacts significatifs sont possibles à court terme. Dans un contexte d'informalité généralisée, le développement de l'assistance sociale est essentiel pour étendre progressivement la couverture du système de protection sociale, notamment aux groupes vulnérables. Diverses options non exclusives de renforcement du pilier non contributif du système de protection sociale s'offrent au Cameroun pour y parvenir, telles que l'extension du programme d'assistance sociale phare Projet Filets Sociaux (PFS), la création d'allocations familiales non contributives ou encore la mise en place de pensions sociales. Par exemple, l'extension du PFS à l'ensemble des ménages pauvres représenterait un coût annuel supplémentaire de près de 1 % de PIB et pourrait permettre une réduction du taux de pauvreté de 5 points de pourcentage.

Le renforcement du financement de la protection sociale requiert une mobilisation accrue des ressources internes. Le taux de pression fiscale reste faible (15 % du PIB en 2024 cotisations sociales incluses), tandis que les recettes non fiscales liées aux redevances pétrolières et à l'aide extérieure se contractent, rendant le renforcement des recettes fiscales indispensable. Une réforme fiscale ambitieuse pourrait contribuer à développer l'espace budgétaire du Cameroun. À cette fin, le maintien d'une croissance économique soutenue se traduisant par une hausse plus que proportionnelle des recettes fiscales demeurera crucial. Enfin, le Cameroun pourra envisager de substituer progressivement des transferts monétaires ciblés à une partie des subventions à l'énergie, sous réserve d'un renforcement des capacités de ciblage. Les ressources libérées par la réduction progressive des subventions à l'énergie pourraient ainsi être réorientées vers le renforcement des dispositifs d'assistance sociale, qui s'avéreraient alors être plus efficients à soutenir les ménages que des subventions généralisées. Un séquençage adéquat des réformes et une communication claire se révèleraient cruciaux au succès d'une telle transition.

La réforme fiscale devra s'inscrire dans une approche globale offrant une attention particulière aux dépenses fiscales. La réalisation du potentiel de recettes fiscales du Cameroun est un processus complexe et de long terme, qui requiert un effort continu et une approche graduelle. La rationalisation des dépenses fiscales constitue un chantier important et transversal dans cette perspective. Le système fiscal souffre de nombreuses dérogations (465 en 2023), contribuant à complexifier et possiblement à limiter la productivité du système fiscal. Leur rationalisation, assise sur une évaluation approfondie de leur coût et de leur efficacité, en particulier pour la taxe sur valeur ajoutée et l'impôt sur les sociétés, devrait viser à stimuler les recettes fiscales sans nuire à l'activité économique. Par ailleurs, le renforcement de la fiscalité sur les produits néfastes à la santé permettrait à la fois d'accroître les recettes et de réduire les coûts économiques liés aux pathologies associées à la consommation de ces produits.

Le Cameroun pourrait œuvrer au développement de l'assurance sociale pour les travailleurs du secteur informel, en renforçant l'attractivité du régime d'assurance volontaire. Pour mieux répondre aux besoins de protection, le régime de l'assurance volontaire, actuellement limité à la pension vieillesse, pourrait également intégrer des prestations de court terme, relatives à la santé et aux accidents et maladies professionnels. Il conviendrait alors de repenser les modalités de son financement, en considérant un éventuel cofinancement public pour limiter le coût de la contribution et maintenir l'attractivité du régime. Le Cameroun pourra également intensifier les mécanismes incitatifs et contraignants conduisant à une plus grande participation à ce régime.

L'assurance sociale du régime public fait face aux défis de son financement et de sa gouvernance. L'introduction d'une cotisation employeur pour les agents de l'État permettrait d'éviter, ou de limiter, le recours au budget général pour le financement du régime de pensions des fonctionnaires. Une telle réforme requerrait l'instauration d'une caisse dédiée. Si le Cameroun alignait les modalités de cotisations et de prestations du secteur public sur le secteur privé, il pourrait envisager la fusion des caisses pour l'institution d'une caisse unique.

Principales recommandations

Recommandations en matière de politique de protection sociale

- Définir une planification claire de l'extension de la CSU, en termes de couverture géographique et du panier de soins.
- Augmenter les dépenses publiques de santé pour réduire celle des ménages et améliorer leur prise en charge.
- Accroître la couverture des programmes d'assistance sociale tels que le PFS, et réfléchir à la mise en place de pensions sociales.
- Mettre en place le FSN pour renforcer la coordination entre acteurs et la cohérence des politiques d'assistance sociale.
- Étendre le RESUC afin d'améliorer l'identification des besoins de protection sociale et des bénéficiaires des programmes.

Recommandations en matière de financement de l'assurance sociale

- Considérer l'introduction d'une cotisation santé pour contribuer au financement de la CSU.
- Élargir le champ de l'assurance volontaire au-delà de la pension vieillesse, en lien avec les aléas de la vie courante. Conditionner l'accès à la CSU pour les travailleurs du secteur informel ayant une capacité contributive à la participation au régime. Cette extension pourrait s'accompagner d'une révision des modalités de contribution, en prévoyant un cofinancement par l'État pour en limiter le coût pour les travailleurs.
- Introduire des mécanismes incitatifs et contraignants, à l'image de la carte des artisans, renforçant l'attrait des travailleurs du secteur informel pour l'assurance volontaire.

Recommandations en matière de politique fiscale et budgétaire

- Évaluer rigoureusement le coût et l'efficacité des dépenses fiscales, en particulier celles relatives à la taxe sur la valeur ajoutée et à l'impôt sur les sociétés, en vue d'un plan de rationalisation.
- Renforcer la fiscalité sur les produits néfastes à la santé pour soutenir les recettes fiscales et réduire les besoins en matière de dépenses de santé.
- Réduire progressivement les subventions à l'énergie au profit de transferts monétaires ciblés.

1 Évaluer les besoins en matière de protection sociale

Le système de la protection sociale au Cameroun est confronté à des limites

Le cadre stratégique de la protection sociale est défini par la Politique Nationale de Protection Sociale (PNPS) 2020–2030. Celle-ci adopte une approche large, intégrant l'assistance sociale, l'assurance sociale, les services sociaux et les mesures d'équité (République du Cameroun, 2022[1]).

Les composantes clés du système

- Ce rapport porte sur la protection sociale dans une acception incluant la santé. Le périmètre de la protection sociale varie selon les organisations et les pays qui la définissent et l'analysent. Par exemple, la Banque mondiale et le Fonds Monétaire International (FMI) opèrent généralement une distinction claire entre les secteurs de la protection sociale et de la santé, tandis que l'Organisation Internationale du Travail (OIT) considère une définition plus large des systèmes de protection sociale intégrant la dimension santé. Le présent rapport s'inscrit dans cette seconde approche. Il se concentre sur trois composantes : (i) l'assistance sociale, qui désigne l'ensemble des transferts monétaires ou en nature financés par l'État (dits non contributifs) destinés à garantir un niveau de vie minimal aux ménages et personnes en situation de pauvreté, vulnérabilité ou d'exclusion ; (ii) l'assurance sociale, qui repose sur une logique contributive, dans laquelle les travailleurs (et le cas échéant leurs employeurs) s'acquittent de cotisations sociales obligatoires en contrepartie de droits à prestations en cas de survenue de risques spécifiques tels que la vieillesse (pension de retraite) ; et (iii) la santé. Au Cameroun, le système de protection sociale – santé incluse – se compose notamment des régimes contributifs, des filets sociaux et de la CSU présentés ci-dessous (Tableau 1.1).
- **Régimes contributifs.** La Caisse Nationale de Prévoyance Sociale (CNPS) gère trois branches : les prestations familiales, les pensions, ainsi que les accidents du travail et maladies professionnelles. En 2023, elle couvrait 1,3 million de travailleurs, dont 20 % de travailleurs indépendants à travers le régime volontaire. Ce dernier, limité aux pensions, suscite un intérêt croissant, comme en témoigne l'augmentation de 148 % des recettes de cotisations en un an. Un projet d'extension du régime volontaire aux autres branches de la CNPS est à l'étude. Par ailleurs, le Cameroun ne dispose ni d'assurance santé, ni d'assurance chômage.
- **Filets sociaux.** Ils s'organisent notamment autour du Projet Filets Sociaux (PFS) coordonné par le Ministère de l'Économie, de la Planification et de l'Aménagement du Territoire (MINEPAT) avec l'appui de la Banque mondiale, qui constitue le principal programme non contributif d'assistance sociale au Cameroun. Il comprend des transferts monétaires ordinaires (TMO), des transferts monétaires d'urgence (TMU) et des travaux à haute intensité de main-d'œuvre (THIMO), et inclut un volet dédié à l'inclusion socio-économique et l'entrepreneuriat des jeunes. Fin 2022, plus de 350 000 ménages ont bénéficié du PFS (Cassidy et al., 2023[2]). Par ailleurs, le Cameroun dispose de filets de sécurité en nature, incluant notamment le don de céréales (mil, sorgho, maïs, blé, etc.),

le don de farines de céréales (semoule), le don de nourriture pour les élèves à l'école, la nourriture contre travail, le supplément alimentaire pour les enfants malnutris. Outre le MINEPAT, le Ministères des Affaires Sociales (MINAS) – à travers notamment ses programmes d'aide sociale décentralisée et d'insertion professionnelle, ainsi que sa contribution au développement du RESUC –, le Ministère de la Promotion de la Femme et de la Famille (MINPROFF) – à travers notamment ses programmes d'autonomisation économique et de promotion du statut social des femmes, ainsi que de développement de la famille – et le Ministère de la Jeunesse et de l'Éducation Civique (MINJEC) – par ses dispositifs et programmes d'insertion socio-économique des jeunes – constituent les pierres angulaires du dispositif d'assistance sociale.

- **Couverture Santé Universelle.** Mise en œuvre par le Ministère de la Santé publique (MINSANTE) depuis avril 2023, la CSU vise un accès universel aux soins essentiels et s'articule autour d'une série de besoins prioritaires (Tableau 1.2), relatifs notamment la santé maternelle et infantile (60 % des coûts des centres de santé), la lutte contre le VIH/SIDA, la tuberculose et le paludisme chez l'enfant, ce dernier étant la première cause de mortalité. La CSU inclut aussi des mesures de prévention comme la vaccination, ainsi que des soins curatifs tels que la consultation gratuite pour les enfants de 0 à 5 ans. La CSU assure également la prise en charge de la dialyse. Tous les services inclus dans le panier de soins sont intégralement gratuits, à l'exception de (i) la prise en charge des femmes enceintes et des nouveau-nés qui est assurée en contrepartie de l'acquittement d'un chèque santé de 6 000 FCFA, et de (ii) des dialyses nécessitant une participation forfaitaire annuelle de 15 000 FCFA. Au 17 mars 2025, la Cellule Technique Nationale de la CSU (CTN-CSU) 4 M de personnes étaient enrôlées et plus de 3 600 formations sanitaires accréditées. Malgré des avancées notables, des défis persistent, parmi lesquels des disparités d'accès, des retards de remboursement générant des tensions de trésorerie au sein des formations sanitaires dispensant les soins, ou encore un besoin de financement accru dans la perspective de l'extension territoriale et du panier de soins. Le financement de la CSU repose sur les recettes du budget général. Un projet de loi prévoit d'instituer une cotisation santé, ainsi qu'une caisse autonome chargée de la gestion des recettes associées, dotée de son propre organe de gouvernance.

Tableau 1.1. Description des principaux programmes du système de protection sociale au Cameroun

Programme	Institution en charge	Prestations	Populations cibles	Couverture	Sources de financement	Budget
CNPS (Caisse Nationale de Prévoyance Sociale)	CNPS sous tutelle technique du Ministère du Travail et de la Sécurité Sociale.	1. Prestations familiales : allocations prénatales, maternité, familiales, frais médicaux liés à la grossesse. 2. Pensions : vieillesse, invalidité, survivants. 3. Accidents du travail/maladies professionnelles : soins, indemnités, rentes et frais funéraires.	- Travailleurs salariés (affiliation obligatoire) - Travailleurs indépendants, secteur informel, professions libérales (affiliation volontaire dès 18 ans) - Pension vieillesse : 60 ans, 20 ans d'immatriculation, 180 mois de cotisation	1 294 526 assurés actifs en 2023, dont : - 1 032 025 affiliés au régime obligatoire - 262 501 affiliés au régime volontaire	- Cotisations sociales sur la rémunération (plafonnée à 750 000 FCFA/mois pour les prestations familiales et pensions) : • Prestations familiales : 3,7 % à 7 % à la charge de l'employeur (selon secteur) • Pensions : 8,4 % (4,2 % employeur + 4,2 % salarié) • Accidents du travail et maladies professionnelles : de 1,75 % à 5 %, selon le niveau de risque, à la charge de l'employeur	Total des cotisations encaissées en 2023 : 211,7 milliards FCFA, répartis comme suit : - Pensions : 92,8 milliards FCFA - Prestations familiales : 77,4 milliards FCFA - Accidents du travail/Maladies professionnelles : 39,5 milliards FCFA

Projet de Filets Sociaux (PFS)	Ministère de l'Économie, de la Planification et de l'Aménagement du Territoire (MINEPAT), à travers l'Unité de Coordination du Projet (UCP). Appui technique de la Banque mondiale.	Programme de Transferts Monétaires Ordinaires (TMO) : - Soutien aux ménages pauvres chroniques et vulnérables par un transfert total de 360 000 FCFA sur deux ans. Programme de Transferts Monétaires d'Urgence (TMU) : - Soutien aux ménages affectés par des chocs (insécurité, inondations, sécheresse, afflux de réfugiés) par un transfert total de 180 000 FCFA sur un an. Programme de Travaux Publics à Haute Intensité de Main-d'Œuvre (THIMO) : - Financement de projets communautaires (environ 60 jours de travail par bénéficiaire, rémunérés 1 300 FCFA la journée).	Ménages en situation de pauvreté chronique ou extrême.	Plus de 350 000 ménages bénéficiaires fin 2022, incluant les déplacés internes et les réfugiés.	Banque mondiale	Total engagé en 2023 : 14 189 M FCFA
Couverture Santé Universelle (CSU)	Ministère de la Santé Publique (MINSANTE), avec appui de la Cellule Technique Nationale CSU.	Soins préventifs et soins curatifs. Accès aux soins via enrôlement et carte CSU.	- Phase 1 cible : femmes enceintes + nouveau-nés jusqu'à 42 jours (5 régions), enfants de 0-5 ans, personnes vivant avec le VIH, tuberculose, dialysés - Enrôlement gratuit requis, sur présentation de pièce d'identité (ou garant).	- 4 millions de personnes enrôlées dans la CSU (en mars 2025) et plus de 3 600 formations sanitaires accréditées. - Indice de couverture des services de santé essentiels : 44 % en 2021 (dans la moyenne des pays d'Afrique subsaharienne).	- État du Cameroun : ligne budgétaire dédiée CSU dans la loi de finances - Partenaires techniques et financiers - Contribution sociale des bénéficiaires : 6 000 FCFA pour femmes enceintes, 15 000 FCFA/an pour dialysés - Participation communautaire non financière	Information non disponible

Source : Banque mondiale (2025[3]), Banque mondiale (2024[4]), Banque mondiale (2023[5]), Banque Mondiale (2021[6]), Cassidy *et al.* (2023[2]), CNPS (2023[7]), OMS/BIRD (2023[8]).

Tableau 1.2. Panier de soins de la CSU

Soins et services curatifs
Consultation gratuite des enfants de 0 à 5 ans
Prise en charge gratuite du paludisme des enfants de 0 à 5 ans
Prise en charge des femmes enceintes et des nouveau-nés jusqu'à 42 jours de vie (via chèque santé de 6 000 FCFA)
Prise en charge des hémodialysés (via forfait annuel de 15 000 FCFA)
Traitement antirétroviral (TARV)
Prise en charge de la tuberculose
Dépistage précoce des enfants exposés (nés de mères séropositives)
Prise en charge de l'onchocercose
Prise en charge du VIH-SIDA
Vaccination
Bacille de Calmette et Guérin (BCG)
Vaccin contre les diarrhées à rotavirus
Vaccin pentavalent : diphtérie, tétanos, coqueluche, hépatite B, *haemophilus influenzae* de type B
Fièvre jaune
Pneumocoque
Vaccin poliomyélite inactive et oral (VPI et VPO)
Rougeole et rubéole
Covid-19
Nutrition
Supplémentation en vitamine A
Prise en Charge Intégrée de la Malnutrition Aigüe (PECIMA)
Alimentation du Nourrisson et du Jeune Enfant (ANJE)
Déparasitage
Fortification Alimentaire à Domicile (FAD) avec des poudres de micronutriments
Interventions de santé communautaire
Suivi du nouveau-né
Recherche des perdus de vue (vaccination)
Dénombrement des enfants
Organisation des stratégies avancées
Administration d'anthelminthique
Dépistage de la malnutrition
Traitement de diarrhée
Traitement des insuffisances respiratoires aiguës

Source : MINSANTE.

Le renforcement des capacités de ciblage constitue un préalable à l'extension des programmes sociaux. Afin de procéder à une expansion des transferts monétaires qui soit correctement ciblée, le Cameroun a entrepris la mise en place et le développement d'un registre social pour évaluer l'éligibilité des potentiels bénéficiaires de programmes d'assistance sociale. Acté par l'arrêté du 19 mai 2022, le pays développe ainsi un Registre Social Unifié (RESUC), destiné à centraliser l'identification des bénéficiaires de l'assistance sociale. Plus spécifiquement, le RESUC est chargé d'enregistrer et géolocaliser les ménages et personnes vulnérables, de centraliser et actualiser les données des programmes de protection sociale non contributive dans une base unifiée, d'en garantir la sécurité et l'interopérabilité, et d'améliorer la coordination des interventions entre les acteurs publics, la société civile et les partenaires au développement. Un manuel de procédures institué le 10 novembre 2023 précise en outre ses mécanismes et critères de ciblage. Le RESUC combine un ciblage communautaire et un *scoring* statistique élaboré par l'Institut national de la statistique (INS), fondé sur des critères tels que la pauvreté monétaire ou des indicateurs de nutrition. Déployé dans 47 communes, il couvre 127 000 ménages au deuxième trimestre

2025, avec un objectif de couverture nationale d'ici 2028. Il intègre progressivement l'ensemble des bénéficiaires du PFS.

Le secteur de la protection sociale est fragmenté, et son périmètre n'est pas clairement défini. Bien que la PNPS définisse un cadre stratégique aux orientations à suivre, une définition plus fine, opérationnelle et détaillant les programmes et acteurs composant le système de protection reste encore à développer dans la perspective d'une meilleure planification et d'un impact renforcé de l'action publique dans le domaine. Une définition fonctionnelle du périmètre de la protection sociale contribuera également à assurer un suivi budgétaire rigoureux et une évaluation cohérente du système de protection sociale. Une consolidation du système d'information fournissant notamment des statistiques fiables sur chaque programme (nombre de bénéficiaires, montants déboursés, etc.) et données actualisées permettant de suivre leur exécution, ainsi qu'une classification budgétaire harmonisée – impliquant que les différentes composantes de la protection sociale soient clairement identifiables dans le budget de l'État – seraient également bienvenues pour appuyer la planification stratégique. En outre, la gouvernance du système de protection sociale est marquée par une forte fragmentation, impliquant plusieurs ministères et programmes, faiblement coordonnés. Cela nuit à la cohérence et à l'efficience du système. La mise en place envisagée d'un Fonds de Solidarité Nationale (FSN) pour renforcer la coordination entre acteurs et la cohérence des politiques d'assistance sociale apparaît ainsi opportune.

La couverture de l'assistance sociale, de l'assurance et de la CSU demeure très insuffisante

La couverture de la protection sociale au Cameroun est très limitée. Selon les données de la cinquième Enquête Camerounaise Auprès des Ménages (ECAM5), la part de la population camerounaise couverte par l'assurance et l'assistance sociales, c'est-à-dire qui cotise ou bénéficie d'au moins un programme associé, s'élève à 7,8 % en 2022, un niveau largement inférieur à la moyenne mondiale (52,4 %), des pays à revenu intermédiaire de la tranche supérieure (71,2 %), ou encore des pays d'Afrique subsaharienne (15,4 %) (Graphique 1.1). Les dispositifs de protection sociale en place apparaissent donc étroits, ne bénéficiant qu'à une frange limitée de la population. La couverture est en outre plus faible pour les femmes (6,6 %) que pour les hommes (9,1 %). Il convient toutefois de souligner que l'ECAM5 ne couvre qu'une partie des programmes existants (voir note du Graphique 1.1), et fournit à ce titre une estimation basse de la couverture réelle.

La couverture de l'assistance sociale et de l'assurance est largement inférieure à la moyenne en Afrique subsaharienne. Dans le domaine de l'assistance sociale, en 2022, selon les données de l'ECAM5, seule 4,2 % de la population totale bénéficie d'un programme au Cameroun, soit près de moitié moins que la moyenne régionale, estimée à 8,5 %. L'écart est encore plus marqué lorsqu'on compare le Cameroun aux pays à revenu intermédiaire de la tranche inférieure. Il en va de même pour le pilier contributif. Ainsi, au sein de celui-ci, seule 6,3 % de la population en âge de travailler (14 ans et plus) était couverte par l'assurance sociale (hors santé), un indicateur qui inclut les travailleurs cotisant à la sécurité sociale ainsi que les bénéficiaires de pensions de retraite, de réversion ou d'invalidité (Graphique 1.2). Ce taux reste légèrement inférieur à la moyenne des pays d'Afrique subsaharienne (6,9 %). Dans ce contexte où la couverture de l'assistance sociale et de l'assurance sociale demeure très limitée, il apparaît essentiel, à court terme, de renforcer le pilier non contributif afin de mieux répondre aux besoins des populations pauvres et vulnérables. Parallèlement, la poursuite des efforts pour couvrir une part plus large de la population par l'assurance sociale est indispensable (voir Chapitre 3) pour construire un système de protection sociale inclusif, durable et efficace. Selon une perspective de genre, la couverture de l'assistance sociale est relativement similaire pour les femmes et les hommes. En revanche, la couverture de l'assurance sociale des hommes (8,9 %) est plus du double de celle des femmes (4,1 %). Cet écart reflète la position moins favorable des femmes sur le marché du travail qui limite leur carrière contributive. En 2022, selon l'ECAM5, seules 19,1 % d'entre elles occupaient un emploi salarié, contre 35,1 % des hommes. L'emploi vulnérable – qui regroupe les travailleurs à leur propre compte et les travailleurs familiaux non rémunérés – concernait 77,4 % des femmes, contre 60 % des hommes. Enfin, selon la troisième Enquête sur l'Emploi et le Secteur Informel au Cameroun (EESI3), plus de la moitié des unités de production informelles (56,1%) étaient dirigées par des femmes en 2021 (INS, 2022[9]).

Graphique 1.1. Part de la population couverte par la protection sociale (hors santé)

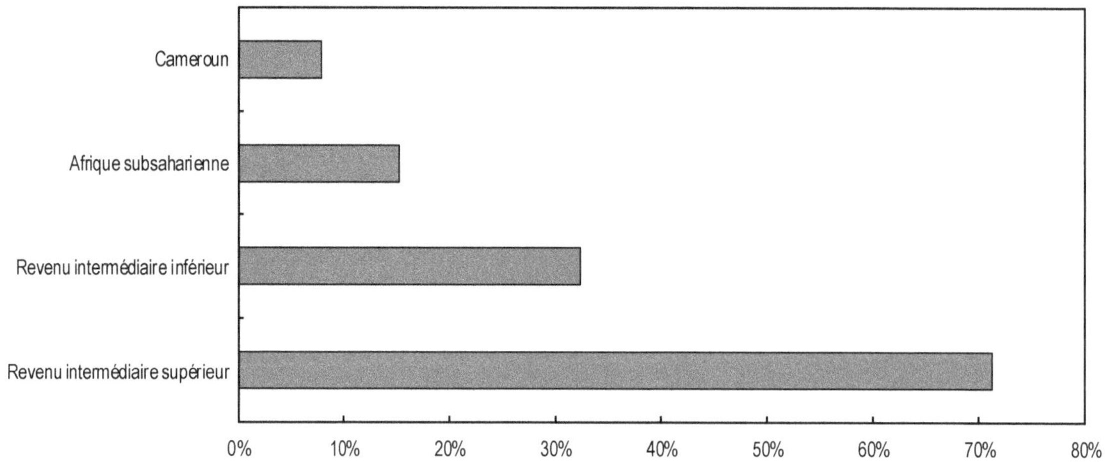

Note : 2022 pour le Cameroun et dernière année disponible pour les pays de référence.
Cameroun : Part de la population totale cotisant ou bénéficiant d'au moins un programme de protection sociale hors santé, c'est-à-dire les individus cotisant à la sécurité sociale ou recevant une pension (retraite, réversion ou invalidité), ou bénéficiant d'au moins un programme de filets de sécurité (hors CSU et don de moustiquaire imprégnée). Les filets de sécurité incluent le don de céréales (mil, sorgho, maïs, blé, etc.), le don de farines de céréales (semoule), le don de nourriture pour les élèves à l'école, la nourriture contre travail, le supplément alimentaire pour les enfants malnutris, les travaux publics à haute intensité de main-d'œuvre et les transferts en espèce du gouvernement ou des ONG dans le cadre notamment du Projet Filets Sociaux (PFS). Les transferts monétaires du PFS sont versés à la femme pour le compte du ménage. Tous les membres du ménage sont considérés comme bénéficiaires de ces transferts et pris en compte dans le calcul de la couverture de la protection sociale.
Proportion de la population couverte par au moins une prestation sociale en espèces : ratio de la population recevant des prestations en espèces, à l'exclusion des prestations de santé et de maladie, au titre d'au moins un des risques ou fonctions de la protection sociale (prestation contributive ou financée par l'impôt), ou cotisant activement à au moins un régime de sécurité sociale, rapporté à la population totale.
Source : Calcul des auteurs à partir des données de l'ECAM5 pour le Cameroun et OIT (2025[10]) pour les régions de référence.

La grande majorité de la population camerounaise reste exclue de toute forme de couverture santé. En l'absence d'assurance maladie au Cameroun – mises à part les assurances privées auxquelles les individus peuvent souscrire volontairement –, la Couverture Santé Universelle (CSU) reste le seul dispositif en place. D'après les données de l'ECAM5, seuls 3,1 % des Camerounais déclaraient bénéficier en 2022 du programme de prise en charge des femmes enceintes et des soins pour les enfants de moins de 5 ans, des prestations qui font partie du panier de soins de la CSU qui a été mise en place progressivement à partir de 2023 (Graphique 1.3). Ces chiffres sous-estiment toutefois l'ensemble des bénéficiaires de la CSU. En particulier, l'ECAM5 ne permet pas d'identifier les autres populations éligibles, notamment les personnes atteintes d'affections de longue durée comme le VIH/SIDA, la tuberculose ou l'insuffisance rénale, également couvertes par les dispositifs publics.

Graphique 1.2. Part de la population couverte par l'assistance et l'assurance sociales (hors santé)

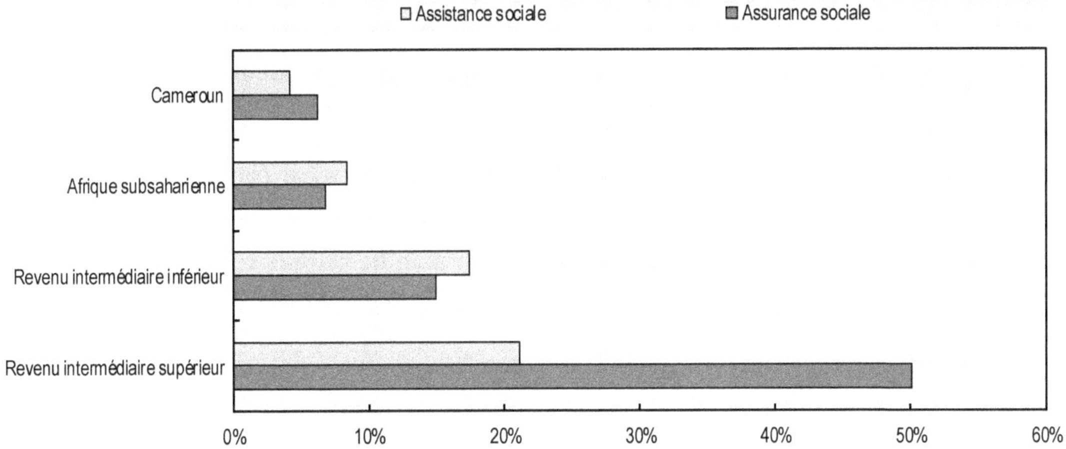

Notes : 2022 pour le Cameroun et dernière année disponible pour les pays de référence.
Pour le Cameroun, l'assistance sociale inclut les programmes de filets de sécurité suivants : don de céréales (mil, sorgho, maïs, blé etc.), don de farines de céréales (semoule), don de nourriture pour les élèves à l'école, nourriture contre travail, supplément alimentaire pour les enfants malnutris, travaux publics à haute intensité de main-d'œuvre, transferts en espèce du gouvernement ou des ONG dans le cadre notamment du PFS). Les transferts monétaires du PFS sont versés à la femme pour le compte du ménage. Tous les membres du ménage sont considérés comme bénéficiaires de ces transferts et pris en compte dans le calcul de la couverture de l'assistance sociale. La couverture de l'assistance sociale est mesurée sur la population totale. Le don de moustiquaire imprégnée et la CSU (programme de prise en charge des femmes enceintes, soins pour les enfants de moins de 5 ans) sont exclus. L'assurance sociale inclut les travailleurs qui cotisent à la sécurité sociale dans le cadre de leur emploi et les bénéficiaires d'une pension (retraite, réversion ou invalidité). La couverture de l'assurance sociale est mesurée uniquement sur la population en âge de travailler, c'est-à-dire âgée de 14 ans ou plus.
Source : Calcul des auteurs à partir des données de l'ECAM5 pour le Cameroun et OIT (2025[10]) pour les régions de référence.

Graphique 1.3. Couverture de la protection sociale au Cameroun par composante

Part de la population couverte par un dispositif d'assistance sociale, d'assurance sociale et de santé non-contributive en 2022

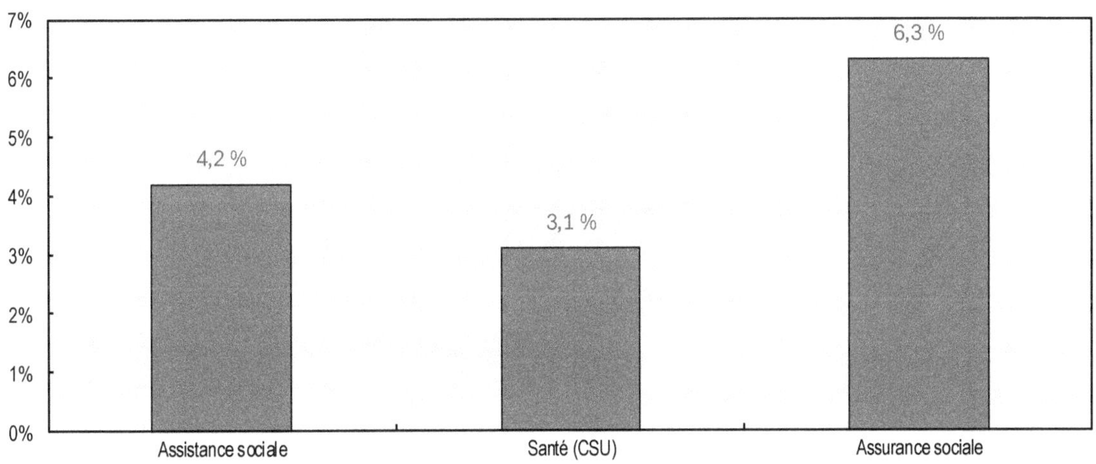

Note : Assistance sociale = Part de la population totale bénéficiant d'au moins un programme de filets de sécurité (hors CSU et don de moustiquaire imprégnée). Santé (CSU) = Part de la population totale bénéficiant de la CSU (programme de prise en charge des femmes enceintes et soins pour les enfants de moins de 5 ans). Assurance sociale = Part de la population en âge de travailler (14 ans ou plus) cotisant à la sécurité sociale ou bénéficiant d'une pension (retraite, réversion ou invalidité).
Source : Calcul des auteurs à partir des données de l'ECAM5.

La proportion de Camerounais bénéficiant simultanément de plusieurs programmes de protection sociale demeure très faible. Selon les données de l'ECAM5, parmi les personnes bénéficiant d'au moins un dispositif de protection sociale – qu'il s'agisse de filets de sécurité, de la CSU ou d'une assurance sociale (pensions de retraite, d'invalidité ou de réversion) – 91,7 % ne sont couvertes que par un seul programme (Graphique 1.4). La couverture multiple demeure marginale. Seuls 6,9 % des bénéficiaires accèdent simultanément à deux programmes, et 1,4 % à trois programmes. Aucun individu recensé dans l'ECAM5 ne déclare être couvert par plus de trois programmes à la fois. Les disparités de genre apparaissent limitées, avec 8,6 % des femmes bénéficiaires couvertes par plus d'un programme, contre 7,9 % de leurs homologues masculins.

Le taux de couverture des personnes âgées par une pension de retraite reste également faible. En 2022, seulement 9,4 % des personnes âgées de 60 ans ou plus – âge correspondant au départ à la retraite à taux plein – perçoivent une pension de retraite contributive. Le pays ne dispose d'aucun mécanisme de pension sociale (non contributive), accentuant le risque de pauvreté chez les personnes âgées sans carrière contributive (voir infra pour une discussion sur la mise en place d'une pension sociale). Les femmes sont particulièrement touchées en raison de leur forte concentration dans l'emploi non salarié et informel, comme indiqué précédemment : seules 4,7 % d'entre elles bénéficient d'une pension contributive à l'âge de la retraite, contre 14,9 % des hommes. Le niveau des pensions contributives reste néanmoins relativement élevé parmi les bénéficiaires. Le Cameroun applique une pension minimale contributive équivalente à 50 % du salaire minimum interprofessionnel garanti (SMIG), soit 30 000 FCFA. Selon les données de l'ECAM5, la pension médiane perçue s'élève toutefois à 96 000 FCFA pour les hommes et 90 000 FCFA pour les femmes, un montant supérieur à la pension minimale comme au seuil de pauvreté monétaire, estimé à environ 25 000 FCFA.

Graphique 1.4. Nombre de programmes de protection sociale par bénéficiaire

Nombre de programmes dont bénéficient les personnes couvertes par la protection sociale au Cameroun en 2022

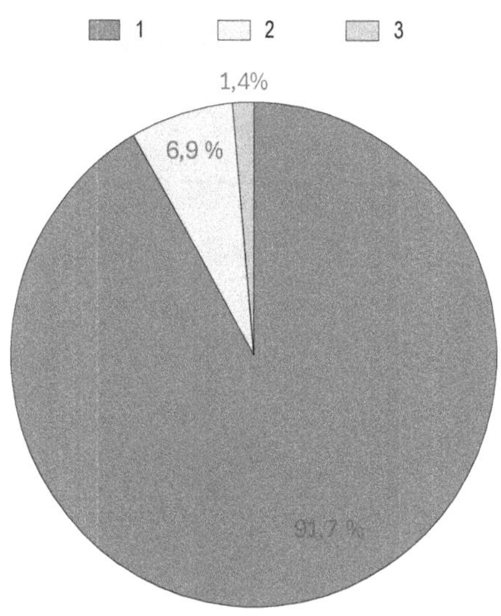

Note : Aucun individu ne bénéficie de plus de trois programmes. Sont considérés tous les programmes d'assistance sociale, la CSU et les pensions (retraite, réversion et invalidité).
Source : Calcul des auteurs à partir des données de l'ECAM5.

Le Cameroun investit peu et de façon déséquilibrée dans son système de protection sociale[1]

Les dépenses totales en protection sociale restent globalement faibles en dépit des défis structurels majeurs. En moyenne, les dépenses de protection sociale du Cameroun ont représenté 2,5 % de PIB entre 2017 et 2021, un niveau modeste au regard de la moyenne régionale (3,6 % en Afrique subsaharienne) et des pays à revenu intermédiaire comparables. Ce pourcentage intègre l'ensemble des dépenses liées à l'assistance sociale, les programmes d'employabilité, les services de santé sans contributions (inclus dans la CSU), les services de prestations sociales, les subventions générales et les pensions publiques. Cette définition, issue de la dernière revue des finances publiques au Cameroun (Banque mondiale, 2024[4]), est plus large que celle retenue dans ce rapport et tend ainsi à surestimer le niveau réel des dépenses de protection sociale. Les dépenses totales en protection sociale restent insuffisantes pour répondre aux besoins d'une population exposée à une forte pauvreté monétaire et à des vulnérabilités multiples. De surcroît les ressources dévolues à la protection sociale sont principalement captées par les régimes de retraite et les subventions, au détriment de l'assistance sociale.

L'assistance sociale est largement sous-financée et dépendante de l'aide extérieure

Les dépenses publiques d'assistance sociale sont très faibles et concentrées sur un seul programme. Les dépenses publiques consacrées à l'assistance sociale sont restées très modestes, représentant seulement 0,1 % du PIB en moyenne sur la période 2017–2021, avec un pic à 0,2 % du PIB en 2021. Malgré l'absence de données plus récentes, ces niveaux apparaissent largement inférieurs à ceux des pays comparables[2] (0,4 %) et des pays d'Afrique subsaharienne (1,2 %) (Banque mondiale, 2024[4]). L'essentiel des dépenses d'assistance sociale est concentré sur le PFS, ciblant les ménages pauvres à travers des transferts monétaires et des filets sociaux productifs.

Le financement de l'assistance sociale provient majoritairement de l'extérieur. Environ 75 % du financement de l'assistance sociale provient de bailleurs de fonds, ce qui soulève la question de sa soutenabilité à moyen terme.

Le financement de l'assistance sociale présente des déséquilibres géographiques et institutionnels marqués. Près de 47 % des dépenses en assistance sociale sont concentrées dans la région du Centre, siège des principales institutions nationales, tandis que les neuf autres régions se partagent une part modeste des ressources budgétaires du secteur. La mise en œuvre est principalement assurée par le MINAS et le MINEPAT. Une plus grande implication des collectivités locales et de la société civile, qui sont au plus près des bénéficiaires sur le terrain, faciliterait le ciblage et l'exécution des programmes.

Les pensions publiques concentrent une part substantielle des dépenses de protection sociale

Les dépenses de protection sociale sont dominées par les pensions publiques. Les pensions publiques, qui constituent avec les pensions privées l'essentiel de l'assurance sociale au Cameroun notamment en raison de l'absence d'assurance maladie, représentent plus de 40 % des dépenses totales de protection sociale, soit environ 1 % du PIB. Cette dépense est comparable à la moyenne des pays à revenu intermédiaire, mais elle ne bénéficie qu'à une très faible part de la population.

Les pensions publiques font face à un déficit structurel. Les cotisations ne couvrent qu'environ un tiers des pensions publiques, les deux-tiers restants étant financés par le budget de l'État. Les pensions militaires représentent à elles-seules 70 % du déficit du régime de pension du secteur public. S'agissant du secteur privé, le taux de cotisation à la branche pensions de la CNPS s'élève à 8,4 % de la masse salariale (4,2 % à la charge de l'employé et 4,2 % à celle de l'employeur), soit un niveau nettement inférieur à certains pays comparateurs tels que le Sénégal et la Côte d'Ivoire, tous deux à 14 %. La CNPS n'étant pas déficitaire, contrairement aux pensions publiques, elle ne bénéficie pas d'un appui budgétaire de l'État (CNPS, 2023[7])[3].

Les dépenses de santé sont principalement à la charge des ménages

Les dépenses de santé sont majoritairement privées. Environ 70 % des dépenses de santé au Cameroun sont financées directement par les ménages, pour un montant moyen annuel de 40 USD par habitant entre 2015 et 2020 soit l'un des niveaux de reste à charge pour les ménages les plus élevés au monde. Cela reflète l'insuffisance du financement public et l'absence d'un système d'assurance maladie. La couverture santé repose principalement sur des initiatives publiques ciblées, notamment la CSU qui reste partielle.

Les dépenses publiques de santé sont très limitées. Les dépenses totales de santé au Cameroun sont restées faibles et relativement stables, autour de 3,4 à 3,7 % du PIB entre 2015 et 2020 et les dépenses publiques de santé sont demeurées inférieures à 1 % du PIB au cours de la même période. Par rapport aux autres pays africains et à ses pairs de même niveau de revenu, le Cameroun se classe au dernier rang en termes de dépenses publiques de santé exprimées en proportion des dépenses totales de santé, s'élevant à 14 % sur la période 2000-2023.

La faible couverture de l'assistance sociale cible principalement les ménages pauvres

La pauvreté demeure élevée, en particulier dans les ménages avec enfants. D'après les données de l'ECAM5, en 2022, 37,7 % de la population camerounaise — soit environ 1,5 million de ménages — vivaient en dessous du seuil de pauvreté. Cette situation affecte plus sévèrement les ménages avec enfants de moins de 14 ans, qui n'ont pas encore atteint l'âge légal de travailler. En effet, près d'un enfant sur deux vit dans un ménage en situation de pauvreté (Graphique 1.5).

Graphique 1.5. Taux de pauvreté par groupe d'âge au Cameroun

Part de la population vivant dans un ménage sous le seuil de pauvreté par groupe d'âge en 2022

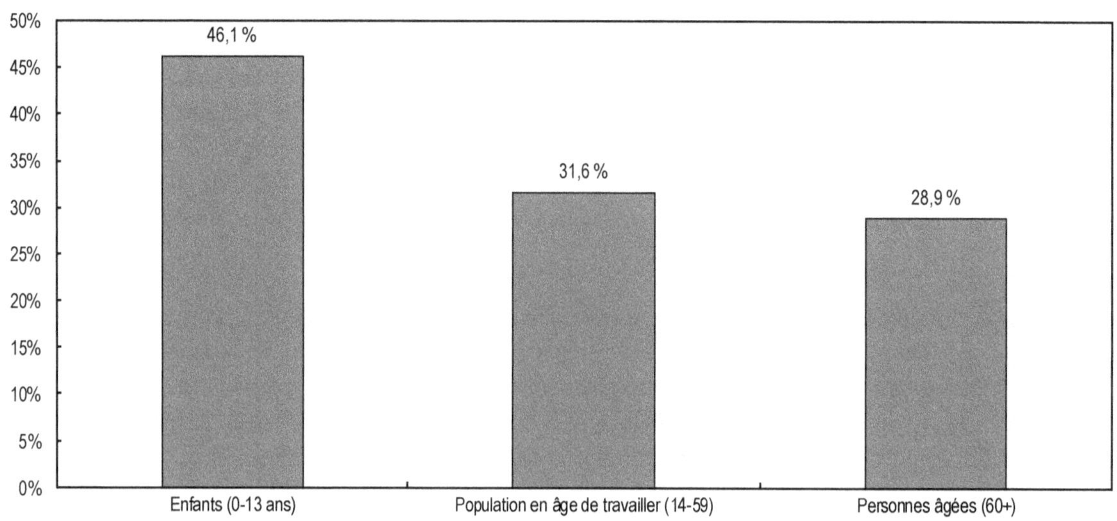

Note : Les individus sont considérés comme pauvres si les dépenses totales de consommation de leur ménage par tête sont inférieures au seuil de pauvreté national (296 721 FCFA par an).
Source : Calcul des auteurs à partir des données de l'ECAM5.

Les personnes âgées restent également exposées, bien que dans une moindre mesure. Plus d'un individu de 60 ans ou plus sur quatre, vit encore en situation de pauvreté, soit un taux nettement inférieur à la moyenne nationale. Ce constat s'explique en partie par la moindre espérance de vie des populations pauvres, notamment dans un contexte d'accès très limité aux soins de santé.

L'assistance sociale et la CSU tendent à cibler efficacement les populations pauvres. Les bénéficiaires de l'assistance sociale affichent un taux de pauvreté élevé (56,9 %), nettement supérieur à celui des non-bénéficiaires (36,8 %). Ce constat est attendu et encourageant, car l'assistance sociale vise précisément à soutenir les ménages pauvres. Par ailleurs, la pauvreté s'intensifie avec le cumul des programmes d'assistance : elle touche 53,0 % des bénéficiaires d'un seul programme, 64,3 % de ceux couverts par deux, et jusqu'à 71,1 % pour ceux bénéficiant de trois programmes. La CSU semble également cibler efficacement les ménages pauvres. En effet, le taux de pauvreté parmi les bénéficiaires de la CSU atteint 62,7 %, contre 36,9 % chez les non-bénéficiaires.

Graphique 1.6. Taux de pauvreté et couverture de l'assistance sociale et de la CSU

Incidence de la pauvreté en fonction de la couverture par l'assistance sociale et la CSU en 2022

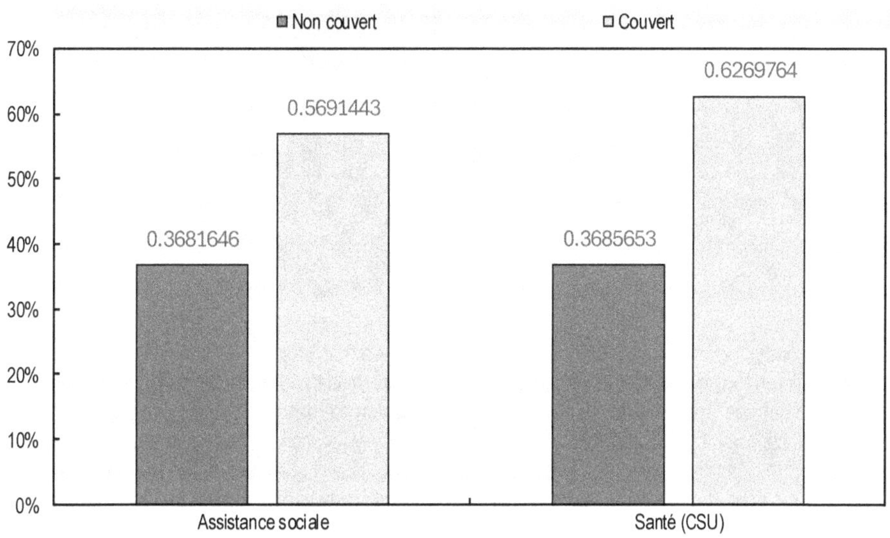

Note : Assistance sociale = Population bénéficiant d'au moins un programme de filets de sécurité (hors CSU et don de moustiquaire imprégnée). Santé (CSU) = Population totale bénéficiant de la CSU (programme de prise en charge des femmes enceintes et soins pour les enfants de moins de 5 ans).
Source : Calcul des auteurs à partir des données de l'ECAM5.

Les besoins en matière de protection sociale sont considérables

La mise en place d'un socle de protection sociale au Cameroun nécessiterait des investissements substantiels

Un effort de financement exceptionnel est requis pour atteindre la protection sociale universelle au Cameroun. Selon les dernières estimations de l'OIT (Cattaneo et al., 2024[11]), le déficit de financement pour garantir une couverture universelle des socles de protection sociale – c'est-à-dire une couverture universelle des prestations essentielles pour tous les enfants, les mères de nouveau-nés, les personnes lourdement handicapées, toutes les personnes âgées et les chômeurs, ainsi que l'accès universel aux soins de santé essentiels – s'élève à 13,5 % du PIB au Cameroun (Graphique 1.7). En proportion des dépenses publiques, ce déficit atteint près de 84 %, révélant un décalage structurel entre les besoins sociaux fondamentaux et les capacités budgétaires actuelles. Le rapport de l'OIT donne une vue d'ensemble des besoins financiers pour atteindre une couverture universelle de la protection sociale pour l'ensemble des pays du monde à travers une méthodologie standardisée. Ces estimations sont donc à prendre avec précaution. Elles suggèrent néanmoins l'importance des besoins de financement additionnels en matière de protection sociale nécessaires au Cameroun pour converger vers une couverture universelle.

Graphique 1.7. Déficit de financement de la protection sociale universelle par pays

En % du PIB, en 2024

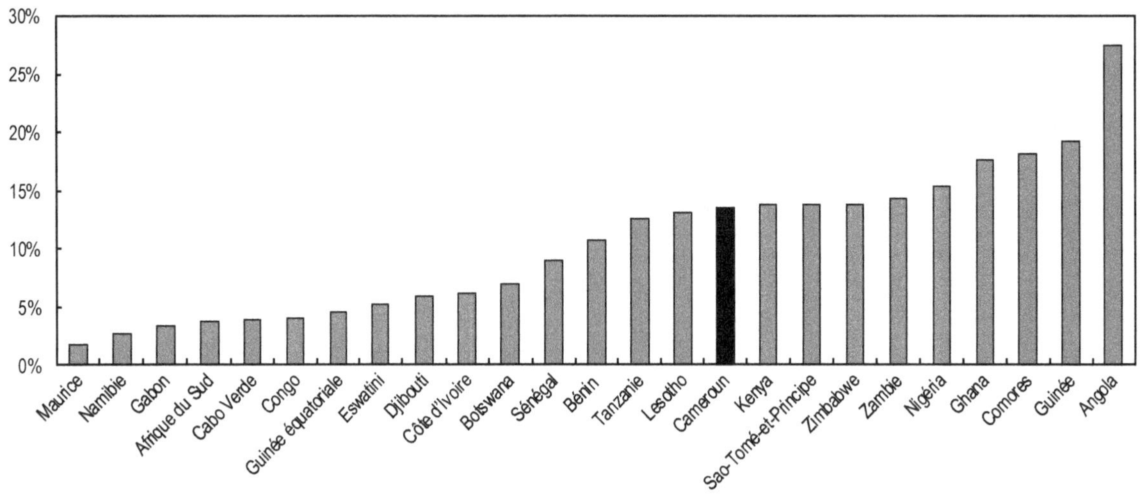

Note : Pays d'Afrique subsaharienne disponibles dans Cattaneo *et al.* (2024[11]) de même groupe de niveau de revenu que le Cameroun (revenu intermédiaire de la tranche inférieure) ou de niveau supérieur (revenu intermédiaire de la tranche supérieure). Le calcul du déficit de financement de la protection sociale repose sur une approche développée par l'OIT, en conformité avec la Recommandation n°202, qui établit un cadre normatif pour les socles de protection sociale. Deux composantes structurent cette estimation : (1) cinq garanties de revenu minimales (enfants, personnes âgées, handicapées, mères de nouveau-nés et chômeurs, et (2) l'accès aux soins de santé essentiels. Le déficit de financement reflète les ressources nécessaires pour couvrir les personnes actuellement exclues. Il est défini comme les ressources additionnelles requises pour fournir à toutes les personnes éligibles une prestation minimale, fondée sur le seuil de pauvreté. Faute d'un seuil de pauvreté défini à l'échelle nationale en 2014, l'année de référence pour le Cameroun dans l'étude, le salaire minimum interprofessionnel garanti (SMIG) est utilisé. Les prestations sont calibrées en fonction de durées et montants standards : par exemple, une prestation enfant équivaut à 25 % du seuil sur un an, alors que la prestation chômage couvre 100 % du seuil sur 26 semaines. Pour les autres garanties, le niveau de prestations s'élève à 100 % sur un période d'un an pour les personnes âgées et les personnes handicapées, et de quatre mois pour les mères des nouveau-nés. Les individus couverts ne sont pas intégrés aux estimations même si les prestations reçues ne leur permettent pas de sortir de la pauvreté. Ceci induit ainsi une possible sous-estimation des besoins de financement additionnels de protection sociale.
Source : Cattaneo *et al.* (2024[11]).

Les soins de santé essentiels posent un défi budgétaire majeur. Le déficit lié aux soins de santé essentiels est estimé à 6,2 % du PIB. L'estimation, fondée sur la méthodologie de l'OMS (Stenberg et al., 2017[12]), tient compte des investissements nécessaires pour atteindre les objectifs de développement durable en matière de santé, incluant 187 services ainsi que les besoins en infrastructures (tels que l'accès à l'eau, l'assainissement, l'hygiène, les soins préventifs et curatifs).

La protection de l'enfance constitue la principale source du déficit non lié à la santé. Parmi les prestations sociales en espèces, la composante famille est prépondérante : elle représente 4,2 % du PIB, soit plus de la moitié du déficit social hors santé. Ce poids s'explique par la structure démographique jeune du Cameroun, conjuguée à un taux de couverture très faible des allocations familiales. Les autres prestations sont moins coûteuses : prestations pour handicap (1,3 % du PIB), vieillesse (0,9 %), maternité (0,5 %) et chômage (0,3 %).

Les estimations de l'OIT montrent que des investissements substantiels seraient nécessaires pour permettre au Cameroun de mettre en place un véritable socle de protection sociale. Compte tenu des contraintes budgétaires, cet objectif ne pourra être atteint que de manière progressive. Le Cameroun pourrait ainsi concentrer ses efforts, dans un premier temps, sur l'extension de la couverture aux groupes les plus vulnérables, en particulier les ménages pauvres et les personnes dépendantes comme les enfants. À plus long terme, la protection sociale pourra être progressivement étendue au reste de la population. Les estimations de l'OIT ont été réalisées sur un grand nombre de pays. Il conviendrait d'affiner cette analyse en prenant mieux en compte les spécificités du Cameroun et en s'appuyant sur les données disponibles les plus récentes.

Graphique 1.8. Déficit de financement de la protection sociale universelle au Cameroun

En % du PIB, en 2024

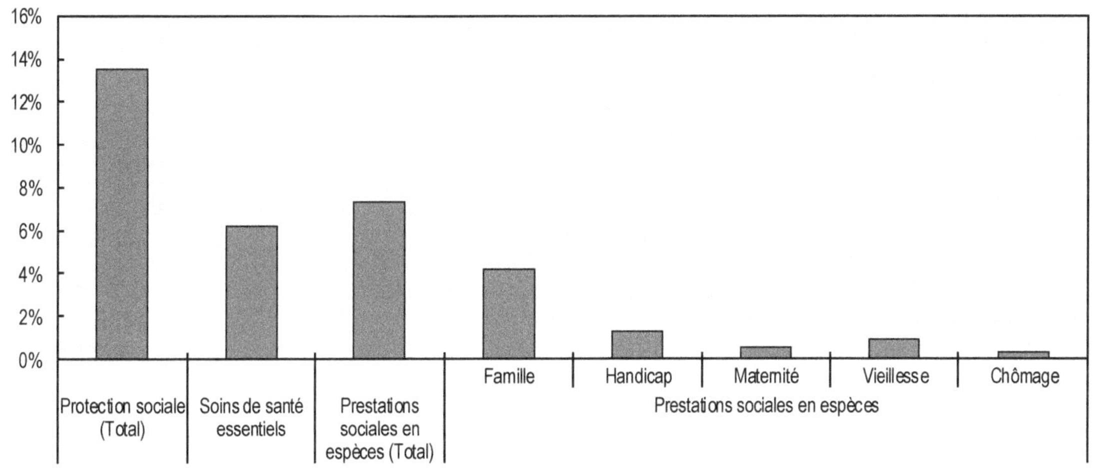

Note : Dans Cattaneo *et al.* (2024[11]), la protection sociale universelle inclut la couverture universelle des prestations essentielles pour tous les enfants, les mères de nouveau-nés, les personnes lourdement handicapées, toutes les personnes âgées et les chômeurs, ainsi que l'accès universel aux soins de santé essentiels.
Source : Cattaneo *et al.* (2024[11]).

L'éradication de la pauvreté impliquerait également un coût très élevé

Soutenir le niveau de vie des ménages, en particulier en luttant contre la pauvreté, constitue l'essence de la protection sociale. L'OIT définit ainsi la protection sociale comme l'ensemble des politiques et des programmes conçus pour réduire et prévenir la pauvreté, la vulnérabilité et l'exclusion sociale tout au long du cycle de vie (OIT, 2022[13]). Cette section propose une estimation du coût annuel minimal nécessaire combler l'écart entre le revenu actuel des ménages pauvres et le seuil de pauvreté. Les sections suivantes explorent des pistes concrètes pour lutter graduellement contre la pauvreté reposant sur le développement de programmes d'assistance sociale et en estimant les coûts associés.

Le coût de l'éradication de la pauvreté au Cameroun s'élève à 3,7 % du PIB (Tableau 1.3). D'après les données de l'ECAM5 et tel qu'indiqué précédemment, dix millions de camerounais (38 %) vivent sous le seuil de pauvreté, c'est-à-dire que les dépenses totales de consommation par tête dans les ménages auxquels ils appartiennent sont inférieures à 296 721 FCFA par an, soit 813 FCFA par jour. Le taux de pauvreté n'a que très légèrement baissé depuis 2001 où il atteignait 40 %.

Le coût de l'éradication est calculé à partir de la profondeur de la pauvreté. Cet indicateur mesure l'écart moyen entre la dépense annuelle de consommation par personne des ménages et le seuil de pauvreté, exprimée en pourcentage du seuil de pauvreté. Officiellement, la profondeur de la pauvreté s'élève à 13 %. Cette mesure conventionnelle s'applique à l'ensemble de la population, y compris les non-pauvres[4], mais l'inclusion de ces derniers conduit à une sous-estimation importante de la profondeur réelle de la pauvreté. Pour cette raison, une mesure alternative prenant uniquement en compte les pauvres est préférée. Selon cette dernière, la profondeur de la pauvreté atteint 34,6 % du seuil de pauvreté, soit environ 100 000 FCFA par individu pauvre en moyenne sur un an. En multipliant le nombre de pauvres par la valeur moyenne de la profondeur de la pauvreté, on obtient la valeur totale de la profondeur de la pauvreté qui fournit une approximation du coût de l'éradication de la pauvreté, c'est-à-dire du montant qui permettrait à l'ensemble des pauvres d'augmenter leurs dépenses de consommation jusqu'au seuil de pauvreté.

Tableau 1.3. Coût de l'éradication de la pauvreté

Taux de pauvreté et profondeur de la pauvreté en 2022

PIB nominal (en milliards FCFA)	27 662
Seuil national de pauvreté (annuel, en FCFA)	296 721
Nombre de pauvres	10 068 822
Taux de pauvreté (% de la population totale)	37,7 %
Profondeur de la pauvreté (population totale, % du seuil de pauvreté)	13,0 %
Profondeur de la pauvreté (population pauvre, % du seuil de pauvreté)	34,6 %
Profondeur de la pauvreté (moyenne, en FCFA)	102 537
Profondeur de la pauvreté (valeur totale, en milliards FCFA)	1 032
Profondeur de la pauvreté (valeur totale, en % du PIB nominal)	3,7 %

Note : 1. Seuil national de pauvreté : 296 721 FCFA par personne par an en 2022, soit 24 727 FCFA par mois ou 813 FCFA par jour.
2. Profondeur de la pauvreté : La mesure conventionnelle de la profondeur de la pauvreté s'applique à l'ensemble de la population, c'est-à-dire en incluant les non-pauvres auxquels on attribue une profondeur équivalente à zéro dans la mesure où leur niveau de dépenses de consommation dépasse le seuil de pauvreté. Mais l'inclusion de ces derniers conduit à une sous-estimation importante de la profondeur réelle de la pauvreté ; raison pour laquelle une mesure alternative de la profondeur de la pauvreté prenant uniquement en compte les pauvres est utilisée dans les estimations. Cette mesure alternative, excluant les non-pauvres, est également utilisée pour le calcul des autres indicateurs de la profondeur de la pauvreté.
Source : Calcul des auteurs à partir des données de l'ECAM5 et de l'INS (2024[14]).

Les estimations précédentes de l'OIT et celles relatives à l'éradication de la pauvreté doivent être interprétées avec prudence et considérées comme des repères à moyen et long terme. Il est essentiel de souligner qu'il s'agit d'ordres de grandeur indicatifs, destinés à orienter les stratégies à moyen et long terme, qui ne prennent pas en compte l'ensemble des coûts comme les coûts administratifs des programmes de protection sociale. Ces données mettent néanmoins en évidence l'importance de hiérarchiser les priorités et de planifier une extension progressive de la protection sociale. Elles constituent une base pour élaborer des scénarios d'expansion, tels que le coût de la mise en place d'allocations familiales ciblées, de transferts monétaires aux ménages pauvres ou de pensions sociales pour les personnes âgées sans pension contributive.

Cibler les plus vulnérables renforce l'efficacité des réformes tout en maîtrisant les coûts

Dans un contexte de fortes contraintes budgétaires, les efforts pourraient être orientés en priorité vers les groupes vulnérables. La rareté des ressources publiques et le recul de l'aide internationale exigent des choix stratégiques pour maximiser l'impact social des interventions. À court terme, il est donc prioritaire de cibler les ménages pauvres ainsi que les personnes dépendantes, en premier lieu les enfants puis les personnes âgées, dont la vulnérabilité est bien documentée. Investir davantage dans la santé, à travers notamment l'extension horizontale et verticale de la couverture de la CSU, constitue également une priorité, d'autant plus compte tenu du fort taux de pauvreté observé dans le pays et de l'absence d'assurance maladie.

Les instruments les plus appropriés pour répondre à ces besoins sont déjà identifiés au sein de l'architecture actuelle de la protection sociale. Le PFS, principal programme national de lutte contre la pauvreté, joue un rôle central en fournissant des transferts monétaires ciblés. Il peut être complété par d'autres dispositifs comme les allocations familiales et les pensions sociales, qui renforcent la protection des enfants et des personnes âgées.

Étendre le projet Filets Sociaux constitue une option efficace pour réduire la pauvreté

Compte tenu du la forte incidence de la pauvreté parmi les ménages pauvres avec enfants, les premiers scénarios analysés ciblent exclusivement ce groupe. Dans un contexte de fortes contraintes budgétaires, une approche progressive et pragmatique est privilégiée, fondée sur une série de scénarios de réforme allant d'une couverture très ciblée à des options plus ambitieuses. Chaque scénario fait l'objet d'une évaluation en termes de coût, d'impact sur la pauvreté et de rapport coût-efficacité (mesuré comme les dépenses d'assistance sociale nécessaires pour réduire le taux de pauvreté de 10 %exprimées en pourcentage du PIB). Le scénario 1 prévoit une extension du programme à tous les ménages pauvres comptant au moins un enfant de moins de 14 ans, âge minimum légal pour travailler au Cameroun. Le scénario 2 élargit la couverture aux ménages pauvres ayant au moins un enfant de moins de 18 ans. Le scénario 3 propose une couverture universelle de l'ensemble des ménages pauvres non encore bénéficiaires du programme.

Selon les données de l'enquête ECAM5, seuls 2,9 % des ménages pauvres bénéficiaient du PFS en 2022. Le programme repose sur trois instruments : (1) les transferts monétaires ordinaires, (2) les transferts monétaires d'urgence et (3) les travaux publics à haute intensité de main-d'œuvre. Le chiffrage des différents scénarios repose exclusivement sur les TMO, versés sur une durée de 24 mois, pour un montant annuel de 180 000 FCFA par ménage. En l'absence d'informations plus détaillées dans l'ECAM5, tous les ménages déclarant avoir reçu des transferts en espèce – quel que soit le programme ou l'institution d'origine (gouvernement, ONG, etc.) – sont, par défaut, considérés comme bénéficiaires du PFS. Sur cette base, 44 501 ménages pauvres bénéficiaires sont identifiés, un chiffre largement inférieur aux données officielles et à la cible fixée de 356 000 ménages pour la période 2023-2028. Selon le rapport sur l'enquête de base pour l'évaluation d'impact du PFS, plus de 350 000 ménages, y compris des personnes déplacées, étaient déjà bénéficiaires du programme fin 2022 (Cassidy et al., 2023[2]). Compte tenu de ces écarts importants, les résultats issus de l'ECAM5 doivent être interprétés avec prudence.

Le scénario 3, le plus ambitieux, représenterait un coût annuel de 264 milliards FCFA, soit 0,95 % du PIB nominal en 2022 (Graphique 1.9). En raison de la forte corrélation entre pauvreté des ménages et présence d'enfants, les scénarios plus ciblés ne permettent qu'une réduction marginale des coûts. En effet, 93 % des ménages pauvres ont au moins un enfant de moins de 14 ans et 96 % au moins un enfant mineur de moins de 18 ans. Les coûts des scénarios 1 et 2 sont estimés respectivement à 246 milliards FCFA (0,89 % du PIB) et 253 milliards FCFA (0,92 % du PIB).

L'impact en matière de réduction de la pauvreté est significatif. L'extension du PFS à tous les ménages pauvres non couverts ferait passer le taux de pauvreté national de 37,7 % à 32,8 %, soit une baisse de 4,9 points de pourcentage (pp) (Tableau 1.4). Les scénarios plus ciblés enregistrent des réductions également notables : -4,4 pp pour le scénario 1 et -4,5 pp pour le scénario 2. Une évaluation du programme pourrait être envisagée, d'autant qu'aucune évaluation officielle n'a, à ce jour, été réalisée selon les informations disponibles.

Graphique 1.9. Coût annuel de l'extension du Projet Filets Sociaux

Estimation du coût annuel résultant d'une simulation de l'extension du PFS, en % du PIB

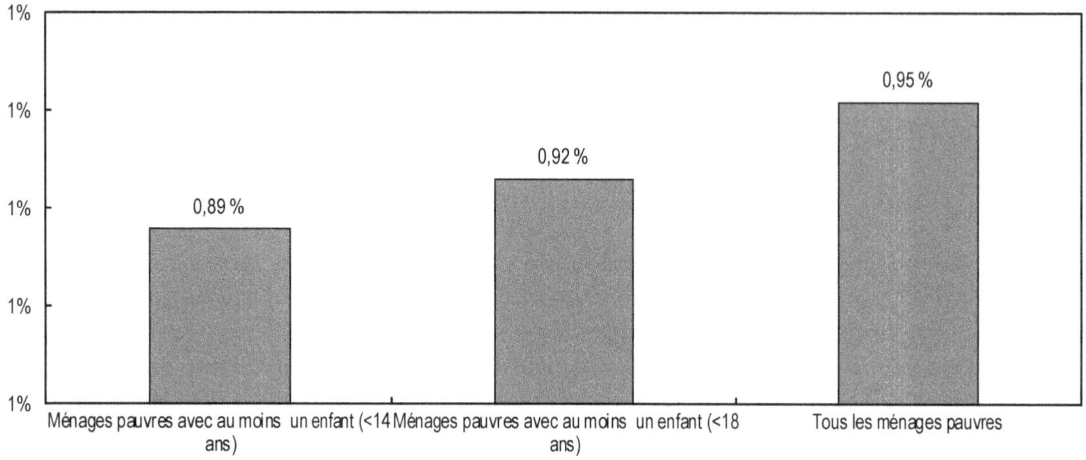

Note : Le nombre de bénéficiaires du PFS identifiés dans l'ECAM5 est nettement inférieur à celui indiqué dans les données administratives du projet. Cet écart peut notamment être dû à des erreurs de déclaration des répondants et conduit à une potentielle surestimation des coûts de l'extension du PFS. En conséquence, les résultats obtenus doivent être interprétés avec prudence et considérés comme des bornes hautes.
Source : Calcul des auteurs à partir des données de l'ECAM5.

L'extension des allocations familiales est tout aussi efficace pour réduire la pauvreté

L'extension des allocations familiales à l'ensemble des familles éligibles sans condition d'affiliation à la CNPS constituerait une option très coûteuse. Depuis le 21 février 2024[5], la CNPS verse à ses affiliés une allocation mensuelle de 4 500 FCFA par enfant à charge. Sont éligibles les ménages ayant : (1) des enfants âgés de moins de 14 ans ; (2) des enfants de 14 à 18 ans en apprentissage ; (3) des enfants de 14 à 21 ans poursuivant des études ou en situation de handicap. Si cette allocation mensuelle de la CNPS était remplacée par une allocation universelle de même montant versée aux ménages pour tout enfant répondant à ces critères d'éligibilité, indépendamment de leur affiliation à la CNPS (scénario 3), alors le coût annuel s'élèverait à 675 milliards de FCFA, soit 2,4 % du PIB (Graphique 1.10).

Des scénarios de ciblage plus restreint permettraient de réduire significativement le coût de l'extension. Limiter l'octroi de l'allocation aux ménages pauvres avec enfants de moins de 14 ans (scénario 1) ou de moins de 18 ans (scénario 2) ramènerait le coût annuel à 278 et 308 milliards de FCFA respectivement, soit entre 1,0 % et 1,1 % du PIB. Dans un contexte de forte contrainte budgétaire, recentrer l'éligibilité sur les ménages pauvres avec enfants offrirait une alternative au *statu quo*, tout en maximisant l'impact social.

Graphique 1.10. Coût annuel de l'extension des allocations familiales

Estimation du coût annuel résultant d'une simulation de l'extension des allocations familiales, en % du PIB

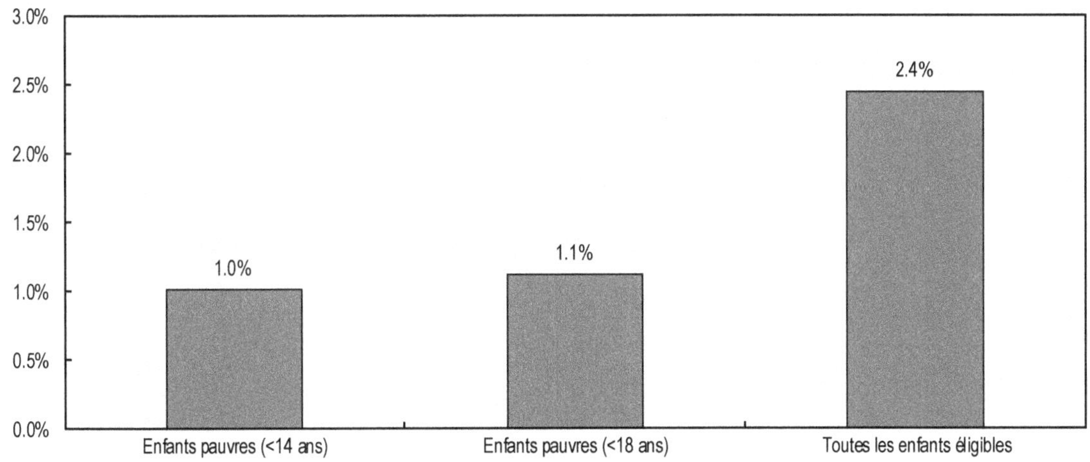

Note : Pour cette simulation, sont éligibles aux allocations familiales (4 500 FCFA par enfant à charge), les ménages ayant (1) un enfant de moins de 14 ans ; (2) un enfant âgé de 14 à 18 ans en apprentissage ; et (3) ceux ayant un enfant âgé de 14 à 21 ans poursuivant des études ou en situation de handicap ; sans considération d'affiliation à la CNPS.
Source : Calcul des auteurs à partir des données de l'ECAM5.

L'extension des allocations familiales aurait un effet notable sur la réduction de la pauvreté. Cibler les ménages pauvres avec enfants de moins de 14 ans (scénario 1) entraînerait une baisse du taux de pauvreté de 37,7 % à 33,3 %, soit une réduction de 4,4 pp (Tableau 1.4). Ce taux passerait à 32,8 % (−4,9 pp) si l'éligibilité était étendue aux ménages avec enfants de moins de 18 ans (scénario 2). Ces effets sont proches de ceux obtenus avec une extension à tous les ménages avec enfants actuellement éligibles, indépendamment du statut du ménage (scénario 3), qui permettrait de ramener le taux de pauvreté à 32,5 % (−5,1 pp). Cependant, le scénario 3 présente un rapport coût-efficacité nettement moins favorable. Réduire la pauvreté de 10 % nécessiterait 1,79 % du PIB, contre seulement 0,86 % pour les scénarios 1 et 2. Le scénario 3 offre ainsi le moins bon ratio coût-efficacité parmi l'ensemble des réformes analysées, tous programmes confondus. Dans ce contexte, un recentrage des allocations familiales sur les ménages pauvres apparaît comme l'option la plus efficiente.

Des pensions sociales ciblées présentent à la fois un coût et un impact limités

Le coût annuel d'une pension sociale destinée aux personnes âgées pauvres dépourvues de pension de retraite est estimé entre 0,2 % et 0,5 % du PIB, selon le seuil d'âge retenu (Graphique 1.11). Au Cameroun, la législation encadre le montant minimum légal de la pension de vieillesse, fixé à 50 % du SMIG. En 2023, le SMIG s'élevait à 60 000 FCFA par mois, ce qui établit le montant minimal de la pension de vieillesse à 30 000 FCFA par mois. Ce montant sert de référence pour estimer le coût d'un dispositif de pension sociale pour les personnes âgées sans couverture contributive. L'âge légal de départ à la retraite à taux plein est fixé à 60 ans pour les travailleurs du secteur privé affiliés à la CNPS ainsi que pour les fonctionnaires des catégories A et B. Les agents des catégories C et D peuvent partir dès 55 ans. Dans les simulations de coût, le scénario 3 – le plus ambitieux – retient un seuil d'âge de 60 ans. Afin de contenir les dépenses, les scénarios 1 et 2 repoussent ce seuil à 65 et 70 ans respectivement. Les pensions sociales universelles ne sont pas envisagées dans cette analyse. La situation budgétaire actuelle ne permet pas d'envisager un dispositif d'une telle ampleur.

Graphique 1.11. Coût annuel des pensions sociales pour les personnes âgées pauvres sans pension de retraite

Estimation du coût annuel résultant d'une simulation de mise en place de pensions sociales, en % du PIB

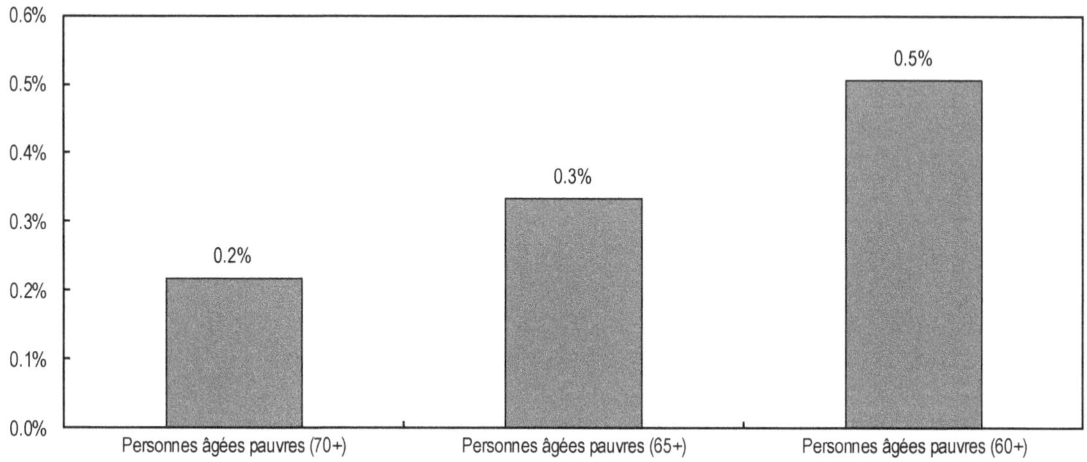

Source : Calcul des auteurs à partir des données de l'ECAM5.

Les personnes âgées sont globalement moins exposées à la pauvreté. D'après les données de l'ECAM5, 9,4 % des personnes âgées de 60 ans et plus percevaient une pension contributive en 2022. Le taux de pauvreté parmi l'ensemble des personnes âgées s'élève à 28,9 %, soit un niveau inférieur à celui observé dans la population en âge de travailler (14–59 ans) et nettement plus faible que chez les enfants (0–14 ans). Ce résultat masque toutefois de fortes disparités : seules 5,1 % des personnes âgées bénéficiant d'une pension contributive sont pauvres, contre 31,4 % parmi celles qui n'en perçoivent pas.

Cette moindre exposition à la pauvreté s'explique en partie par un effet de sélection lié à la mortalité. L'espérance de vie est positivement corrélée à l'état de santé et à la situation économique des individus, surtout dans un contexte où l'absence de couverture maladie limite l'accès aux soins. Les personnes âgées qui atteignent un âge avancé tendent donc à appartenir aux groupes les moins défavorisés.

Cela étant, la création de pensions sociales reste pertinente compte tenu de la vulnérabilité d'une partie des personnes âgées, en particulier celles sans couverture contributive. Pour en maximiser l'impact et garantir la soutenabilité budgétaire, ces dispositifs devraient être strictement ciblés sur les personnes appartenant à des ménages pauvres et dépourvues de pension contributive.

L'instauration d'une pension sociale mensuelle de 30 000 FCFA au bénéfice des personnes âgées pauvres de 60 ans et plus représenterait un effort budgétaire annuel estimé à 140 milliards de FCFA, soit environ 0,5 % du PIB (graphique 1.11)**.** Relever le seuil d'âge à 65 ans permettrait de réduire ce coût à 92 milliards de FCFA (0,3 % du PIB), tandis qu'un seuil de 70 ans le ramènerait à environ 60 milliards de FCFA (0,2 % du PIB).

L'impact des pensions sociales sur la pauvreté reste modéré, ce qui limite leur efficacité au regard de leur coût comparativement au PFS. Dans le scénario le plus ambitieux, une pension sociale ciblant les personnes âgées pauvres dès 60 ans réduirait le taux de pauvreté de 37,7 % à 35,5 %, soit une baisse de 2,2 pp (Tableau 1.4). Cet impact diminue à -1,5 pp pour un seuil d'âge fixé à 65 ans, et à -1,0 pp pour un seuil de 70 ans. Ces résultats contrastent nettement avec ceux observés pour l'extension du PFS ou des allocations familiales. Le ratio coût-efficacité — mesuré comme la dépense requise pour réduire la pauvreté de 10 % exprimée en pourcentage du PIB— de ces trois options est très proche, s'étalonnant de

0,82 % (65 ans) à 0,87 % (60 ans) du PIB (Tableau 1.4). Ces niveaux sont comparables à ceux des allocations familiales, mais restent inférieurs à ceux du PFS. Au vu de ces résultats, une introduction progressive des pensions sociales apparaît justifiée. Elle pourrait débuter par un ciblage des personnes âgées de 70 ans et plus, avec un abaissement progressif du seuil d'âge en fonction de la disponibilité des ressources, jusqu'à atteindre l'âge de 60 ans à terme.

Une autre option consisterait à octroyer des pensions sociales inférieures à 30 000 FCFA, mais cela reviendrait à fixer leur montant en deçà du seuil légal applicable aux pensions de vieillesse. Le Cameroun pourrait s'inspirer des expériences latino-américaines en matière de *pensiones alimentarias*, notamment au Paraguay et au Mexique, où ces pensions non contributives visent à couvrir les besoins alimentaires et essentiels des personnes âgées en situation de pauvreté (Bando, Galiani et Gertler, 2022[15]).

Des réformes bien ciblées peuvent réduire significativement la pauvreté à un coût modéré

Cibler les plus vulnérables permettrait de maximiser l'impact en matière de réduction de la pauvreté dans un contexte de ressources limitées. Les enfants issus de ménages pauvres figurent parmi les groupes les plus exposés à la pauvreté. Les efforts de réforme peuvent donc se concentrer en priorité sur cette population.

Le PFS apparaît comme l'option permettant de réduire la pauvreté au moindre coût. Son extension à tous les ménages pauvres non couverts permettrait de réduire la pauvreté de 4,9 pp pour un coût inférieur à 1 % du PIB, représentant l'option la plus efficiente sur le plan budgétaire. Les allocations familiales ont un impact comparable mais sont plus coûteuses. Un ciblage sur les ménages pauvres avec enfants permettrait de maintenir un impact significatif tout en limitant le coût à environ 1 % du PIB. Les pensions sociales ciblées ont quant à elles un coût modéré, mais un effet plus limité. Leur mise en œuvre pourrait commencer à partir de 70 ans, avec un abaissement progressif de l'âge selon les marges budgétaires disponibles. Une stratégie graduelle, équitable et soutenable apparaît ainsi à portée de main. En priorisant les interventions à plus fort rendement social, il est possible d'étendre la couverture des plus vulnérables sans compromettre la soutenabilité des finances publiques.

Tableau 1.4. Coût annuel de l'extension du PFS, des allocations familiales et des pensions sociales

	FCFA (milliards)	PIB (%)	Impact sur le taux de pauvreté (points de pourcentage)	Coût-efficacité
Projet Filets sociaux				
Scénario 1 : Extension aux ménages pauvres non couverts avec enfant(s) (<14 ans)	246	0,89 %	-4,4 pp	0,77 %
Scénario 2 : Extension aux ménages pauvres non couverts avec enfant(s) (<18 ans)	253	0,92 %	-4,5 pp	0,76 %
Scénario 3 : Extension à tous les ménages pauvres non couverts	264	0,95 %	-4,9 pp	0,74 %
Allocations familiales				
Scénario 1 : Extension aux enfants pauvres non couverts (<14 ans)	278	1,0 %	-4,4 pp	0,86 %
Scénario 2 : Extension aux enfants pauvres non couverts (<18 ans)	308	1,1 %	-4,9 pp	0,86 %
Scénario 3 : Extension à tous les enfants éligibles non couverts	675	2,4 %	-5,1 pp	1,79 %
Pensions sociales				
Scénario 1 : Personnes âgées pauvres sans pension de retraite (70 ans ou plus)	60	0,2 %	-1,0 pp	0,84 %

Scénario 2 : Personnes âgées pauvres sans pension de retraite (65 ans ou plus)	92	0,3 %	-1,5 pp	0,82 %
Scénario 3 : Personnes âgées pauvres sans pension de retraite (60 ans ou plus)	140	0,5 %	-2,2 pp	0,87 %

Note : Coût-efficacité : % du PIB nécessaire pour réduire la pauvreté de 10 %.
Source : Calcul des auteurs à partir des données de l'ECAM5.

Références

Bando, R., S. Galiani et P. Gertler (2022), « Another brick on the wall: On the effects of non-contributory pensions on material and subjective well being », *Journal of Economic Behavior & Organization*, vol. 195, pp. 16-26, https://doi.org/10.1016/j.jebo.2021.12.029. [15]

Banque Mondiale (2025), *Cameroon Health Equity Diagnostic*, https://doi.org/10.1596/44373. [3]

Banque Mondiale (2023), *Cameroon Social Safety Nets - Implementation completion and results report*, https://documents1.worldbank.org/curated/en/099081723104517535/pdf/BOSIB096a701b60790b4af04e45dd7714a1.pdf. [5]

Banque Mondiale (2021), *Projet de filets sociaux adaptatifs et d'inclusion économique*, https://documents1.worldbank.org/curated/en/099555001182251592/pdf/CADRE0DE0PLANI0S00CPPA00P1753630010.pdf. [6]

Banque mondiale (2024), *Collecter davantage, Dépenser Mieux pour atteindre les objectifs de la Vision 2035*, https://documents.worldbank.org/en/publication/documents-reports/documentdetail/099061224152015712/p1789821105646058 1bbe61114370399c6d (consulté le 1 avril 2025). [4]

Cassidy, R. et al. (2023), *Projets Filets Sociaux - Rapport sur l'enquête de base pour l'évaluation d'impact des mesures d'accompagnement auprès des populations hôtes et réfugiées*, https://thedocs.worldbank.org/en/doc/451f21262cd45c0c1ab0270a04a1ba81-0010012023/original/Cameroon-Social-Safety-Nets-Project-Baseline-Report.pdf. [2]

Cattaneo, U. et al. (2024), « Déficit de financement pour la protection sociale universelle : estimations mondiales, régionales et nationales et stratégies de création d'une marge de manœuvre budgétaire », *Document de Travail de l'OIT*, n° 113, Organisation Internationale du Travail, Genève, https://doi.org/10.54394/RGJG9199. [11]

CNPS (2023), *Annuaire statistique 2023*, Caisse Nationale de Prévoyance Sociale du Cameroun, https://www.cnps.cm/images/parutions/Annuairestatistique2023.pdf. [7]

INS (2024), *Comptes nationaux de 2023*, Institut National de la Statistique du Cameroun, https://ins-cameroun.cm/wp-content/uploads/2025/07/Comptes-Nationaux-2023_FR-Final-1.pdf. [14]

INS (2022), *Troisième enquête sur l'emploi et le secteur informel au Cameroun (EESI3)*, Institut National de la Statistique, https://ins-cameroun.cm/wp-content/uploads/2025/07/EESI3_Rapport-principal_Secteur-Informel_FR_28_09_2023.pdf. [9]

OIT (2025), *Rapport mondial sur la protection sociale 2024-2026*, Organisation Internaitonale du Travail, https://doi.org/10.54394/UXEL5671. [10]

OIT (2022), *Mobiliser les unités de l'économie sociale et solidaire pour une protection sociale universelle*, Organisation Internationale du Travail, https://www.ilo.org/sites/default/files/wcmsp5/groups/public/%40ed_protect/%40soc_sec/documents/publication/wcms_847195.pdf. [13]

OMS/BIRD (2023), *Tracking universal health coverage: 2023 global monitoring report*, Organisation Mondiale de la Santé et Banque Internationale pour la Reconstruction et le Dévelopment (Banque Mondiale), Genève, https://iris.who.int/server/api/core/bitstreams/3d4572d2-30a5-4cf0-bf73-0062d677bbf0/content. [8]

République du Cameroun (2022), *Politique Nationale de Protection Sociale (PNPS) au Cameroun*, https://minepat.gov.cm/wp-content/uploads/2022/01/Strategie-Services-sociaux-et-PNPS-Francais.pdf. [1]

Stenberg, K. et al. (2017), « Financing transformative health systems towards achievement of the health Sustainable Development Goals: a model for projected resource needs in 67 low-income and middle-income countries », *The Lancet Global Health*, vol. 5/9, pp. e875-e887, https://doi.org/10.1016/S2214-109X(17)30263-2. [12]

Notes

[1] En l'absence d'accès aux données administratives récentes, cette section repose sur la dernière revue des finances publiques qui fournit des données sur les dépenses de protection sociale pour la période 2017-2021

[2] Les pays comparateurs utilisés par le rapport Banque mondiale (2024[4]) sont les suivants : Kenya, Togo, Côte d'Ivoire, Nigeria, Ghana, Malaisie, Indonésie, Sénégal, Soudan, Vietnam, Azerbaïdjan, Namibie.

[3] Les sources de financement de la CNPS incluent : (i) les cotisations des employeurs et des travailleurs ; (ii) les majorations et les pénalités de retard ; (iii) les produits des placements des réserves ; (iv) les subventions, dons et legs ; et (v) les participations versées par les bénéficiaires des œuvres sociales et sanitaires.

[4] On attribue aux non-pauvres une profondeur de la pauvreté équivalente à zéro dans la mesure où leur niveau de dépenses de consommation dépasse le seuil de pauvreté.

[5] Décret n°2024/056.

2 Renforcer le financement, la gouvernance et la planification de la CSU

La dépense publique reste insuffisante face aux besoins importants du secteur de la santé

Les dépenses de santé reposent principalement sur les ménages, reflétant une situation de sous-financement public préoccupante. Les dépenses de santé s'élèvent 4 % du PIB, soit une dépense de 35 913 FCFA par habitant (57 USD) en 2019 selon le dernier rapport sur les comptes de la santé au Cameroun disponible (MINSANTE, 2022[1]), dont environ 70 % sont supportées par les ménages. Ceci constitue un des niveaux les plus hauts au monde, bien au-delà des recommandations de l'Organisation Mondiale de la Santé (OMS) et de la Déclaration d'Abuja de 2001 de limiter les dépenses de santé des ménages à 20 % des dépenses totales de santé (Ngepah et Ndzignat Mouteyica, 2024[2]). Spécifiquement, en 2022, seuls le Turkménistan, l'Arménie, l'Afghanistan, le Nigeria, le Bangladesh, la Guinée Équatoriale et le Yémen affichent des taux de dépenses de santé des ménages dépassant celui du Cameroun (68 %), bien au-delà de pays comparateurs tels que le Kenya (24 %), le Ghana (25 %), ou même la Côte d'Ivoire (29 %) (Graphique 2.1). En outre, le fort poids des dépenses de santé supportées par les ménages expose une part significative d'entre eux aux dépenses de santé dites catastrophiques, caractérisées par l'OMS comme dépassant les 10 % des dépenses totales d'un ménage. Une estimation conservatrice basée sur les données issues de l'ECAM5 suggère ainsi que les dépenses de santé en 2021-2022 représentent plus de 10 % des dépenses totales pour environ 7 % des ménages. Enfin, la part des dépenses de santé supportée par les ménages n'a que faiblement décru au Cameroun (Graphique 2.2).

Graphique 2.1. Dépenses directes des ménages au Cameroun et dans une sélection de pays

Moyenne des dépenses directes des ménages en pourcentage des dépenses courantes de santé en 2022

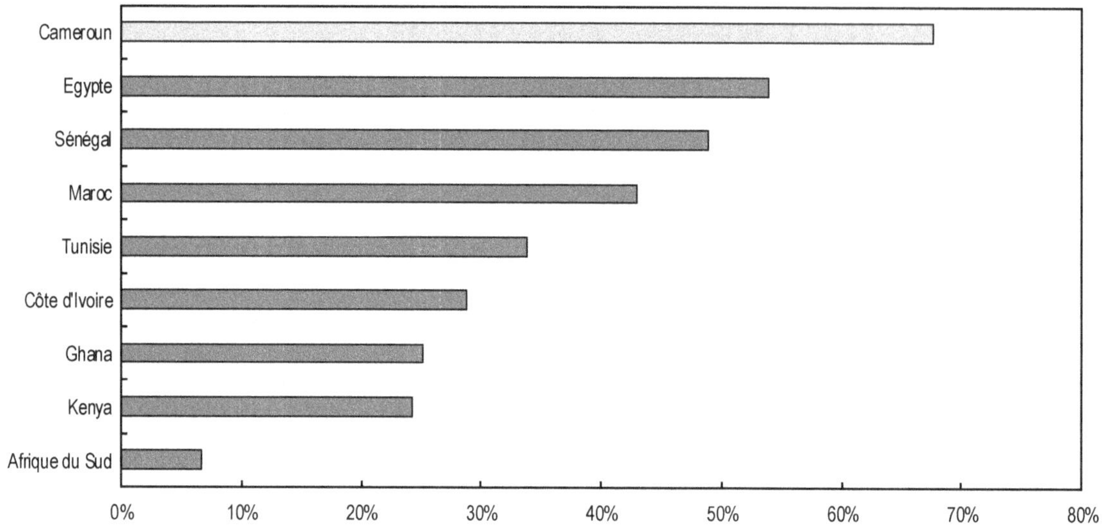

Source : OMS – Global Health Observatory.

Graphique 2.2. Évolution des dépenses de santé des ménages

Dépenses directes des ménages en pourcentage des dépenses courantes de santé

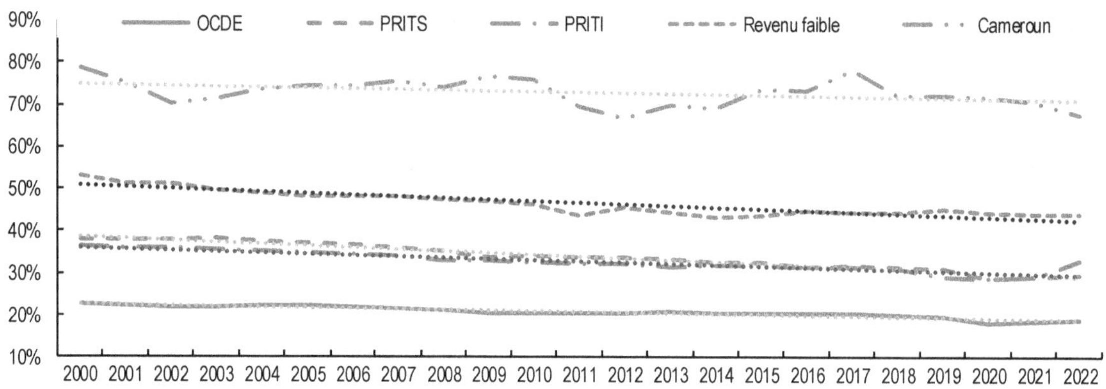

Note : Chaque courbe représente l'évolution de la moyenne des pays d'un groupe donné. PRITRI et PRITS représentent respectivement les pays à revenu intermédiaire de la tranche inférieure et supérieure.
Source: OMS – Global Health Observatory.

La dépense publique de santé peine à décoller. Malgré une hausse sensible depuis 2019 dépenses publiques de santé ne représentent que 0,7 % du PIB et 14,7 % des dépenses totales du secteur en 2023. Cette faible mobilisation publique s'accompagne d'une tendance à la baisse de la part budgétaire allouée au MINSANTE, s'élevant à 3,9 % en 2022 (Graphique 2.3), loin des 15 % recommandés dans le cadre de la Déclaration d'Abuja (2001). Par ailleurs, les financements extérieurs prennent une place croissante dans la structuration du système de santé, accentuant la dépendance à ceux-ci et la vulnérabilité qui en découle en cas de retrait d'un bailleur.

Graphique 2.3. Part des dépenses publiques allouée à la santé

Dépenses publiques de santé en pourcentage des dépenses publiques totales au Cameroun

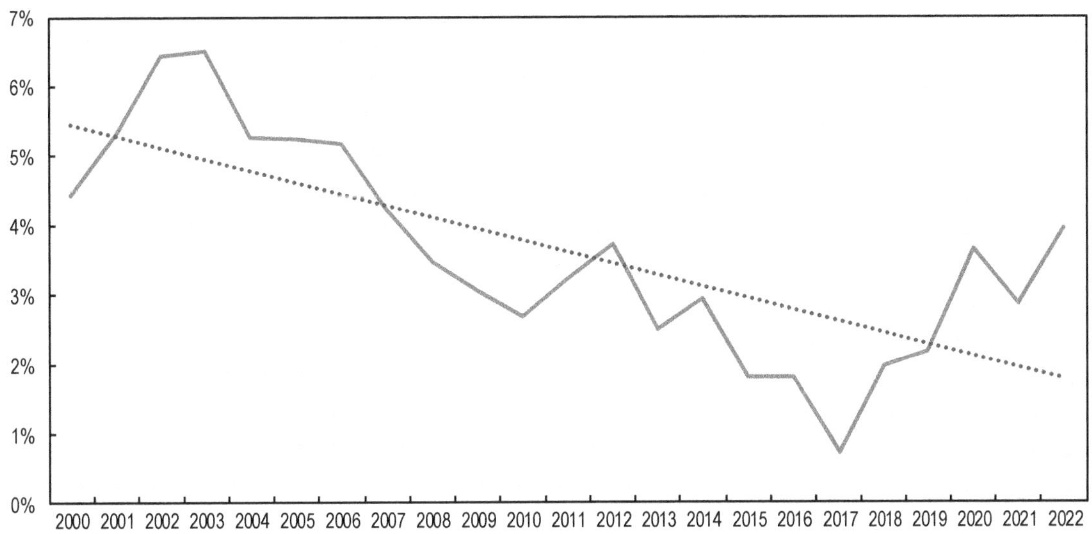

Source : OMS – Global Health Observatory.

Les indicateurs de santé révèlent des performances médiocres et des besoins massifs d'investissement, en particulier pour répondre aux enjeux de mortalité maternelle et infantile, de prévalence des maladies transmissibles et de développement des maladies chroniques (Graphique 2.4). L'espérance de vie est ainsi de 62 ans en 2021, soit un niveau en deçà des pays comparateurs. Les taux de mortalité maternelle et chez l'enfant s'élèvent également nettement au-delà des meilleures performances d'Afrique subsaharienne. La prévalence du VIH demeure un enjeu particulièrement critique. En outre, les performances de santé sont inégalement réparties sur le territoire, les populations des régions du Nord et des zones rurales se trouvant dans une situation significativement moins bonne y compris en termes d'accès aux infrastructures de soins (Banque mondiale, 2024[3] ; UNOCHA, 2024[4] ; UNOCHA, 2024[5]).

Graphique 2.4. Indicateurs de santé comparés

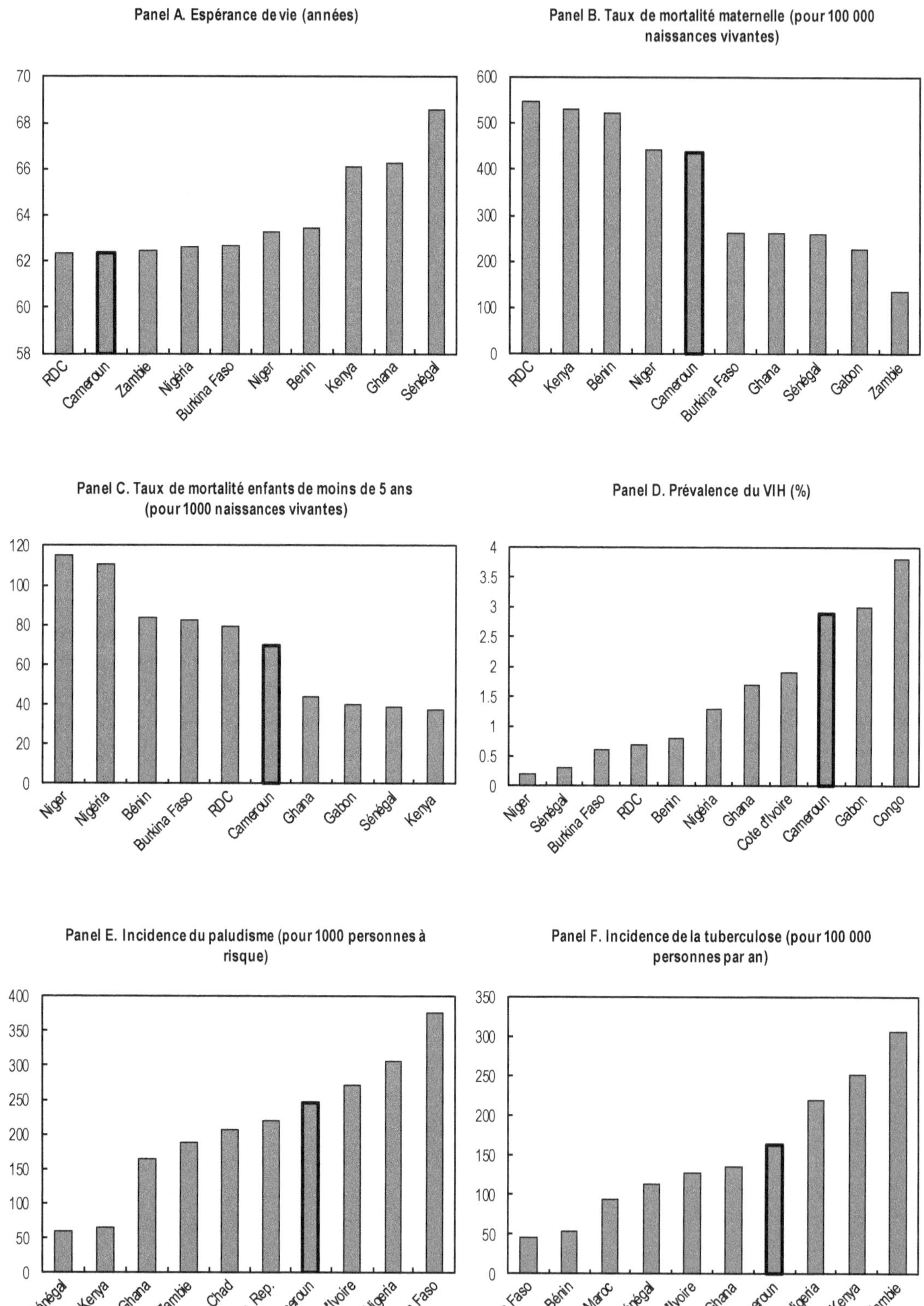

Note : Panel A : données de l'OMS pour 2021. Panel B : données de l'OMS pour 2021. Panel C : données de 2021, données de l'OMS. Panel D : données de 2021, données de l'OMS. Panel E : données de 2021, données de l'OMS. Panel F : données de 2021, données de l'OMS.
Source : OMS.

Le Cameroun engage la mise en œuvre progressive de la CSU

La CSU s'opérationnalise et vise l'extension de sa couverture à court terme. Parmi les principales orientations stratégiques établies par le MINSANTE pour le développement de la CSU (Encadré 2.1), l'extension de la population couverte est cruciale. Près de 4 M de personnes possèdent leurs cartes de CSU en mars 2025 (sur une population cible de 6 M de personnes, soit environ 20 % de la population totale), dont 3,6 M ont effectivement bénéficié de prestations de santé. Le chèque santé, pour la prise en charge des femmes enceintes et nouveau-nés, est disponible dans sept des dix régions du Cameroun, qui ambitionne de couvrir les régions restantes du Centre, du Littoral et de l'Ouest d'ici fin 2025. Au sein de ces trois régions plus densément peuplées, la stratégie sera de couvrir en priorité leurs zones rurales, avant de se consacrer au chantier des villes principales (Yaoundé et Douala). En outre, si certaines régions sont dites couvertes, il conviendra de renforcer la marge intensive de la couverture afin qu'elle inclue l'ensemble des populations éligibles en leur sein.

Encadré 2.1. Objectifs stratégiques du développement de la CSU

À travers sa stratégie de développement de la CSU, le Cameroun s'est fixé quatre objectifs stratégiques en 2020 :

- Gouvernance : Mettre en place le dispositif juridico-institutionnel et renforcer l'apprentissage, l'efficacité et la pérennité de la CSU.
- Couverture de la population : D'ici 2030, 70 % de la population est couverte en protection sociale de santé par les mécanismes de la CSU en renforçant les autres mécanismes de couverture complémentaire.
- Couverture des services : D'ici 2030, accroître de 40 à 60% la couverture des services de santé essentiels en assurant une extension progressive du paquet de soins et services de santé de qualité couverts.
- Protection financière en santé : Réduire la part du paiement direct des ménages dans les dépenses totales de santé de 70 % à 35 % d'ici à 2030.

Source : MINSANTE (2020[6]).

La CSU ambitionne également d'étendre son panier de soins. La phase initiale de la CSU a notamment consisté à regrouper les gratuités et initiatives existantes. La réflexion autour des contours de l'extension du panier de soins est en cours. Sur la base d'une étude actuarielle[1], établissant la prévalence des maladies et la fréquence des différents besoins de santé, le MINSANTE envisage de prioriser l'inclusion des soins relatifs aux hépatites, ainsi qu'au diabète chez l'enfant. Le MINSANTE chiffre à 4 Mds FCFA annuels le coût de la prise en charge des hépatites (incluant médicaments, examens de suivi, frais non médicaux tels que le transport des patients, etc.). Un exercice de chiffrage similaire pour le diabète chez l'enfant est en cours de réalisation. D'autres soins sont également considérés pour intégrer le panier de soins, à des horizons encore indéfinis, tels que les soins de traitement du cancer. Il est également envisagé de renforcer la promotion et la prise en charge des maladies orphelines et besoins spécifiques liés aux situations de handicap.

Malgré les ambitions, il n'existe pas de planification claire relative à l'extension du panier de soins. Les estimations produites en 2017 par le MINSANTE dans le cadre de la Stratégie Sectorielle de la Santé (SSS) d'une part et par le Groupe Technique National d'autre part, suggèrent par exemple respectivement un coût de 4 à 6 % du PIB par an pour couvrir les besoins de la CSU une fois à maturité. Néanmoins, une définition claire de l'objectif est nécessaire pour produire une estimation rigoureuse des coûts et déterminer la stratégie de financement. Même si le MINSANTE a entrepris un exercice d'estimation des coûts liés à la prise en charge de soins supplémentaires par la CSU, celui-ci est encore préliminaire et partiel, et ses résultats non disponibles pour un dialogue national et avec les partenaires au développement. De même, le Cameroun ne dispose pas de stratégie de mise en place et de financement définie et validée. Enfin, dans un contexte où les menaces pesant sur les financements extérieurs se multiplient, le MINSANTE devra tirer les enseignements du plan de mitigation qu'il élabore actuellement pour faire face au retrait des partenaires. La réflexion sous-jacente au développement de la stratégie de financement devra donc intégrer ces éléments.

Le développement du cadre législatif demeure un maillon essentiel pour assurer la soutenabilité et l'expansion de la CSU. Un projet de loi consultatif et inclusif a été rédigé et déposé il y a cinq ans, sans avoir encore été adopté, malgré des actions continues de plaidoyer. Cette loi vise à conférer un caractère obligatoire à la CSU, condition indispensable pour enrichir le panier de soins offert et élargir la couverture au-delà de la population cible de la phase initiale. Elle permettrait également de formaliser les modalités de financement et de jeter les bases d'un organe de gestion pérenne. En attendant son adoption, les financements restent conditionnés par la loi de finances annuelle, ce qui limite la visibilité et la planification stratégique de la CSU.

Les recettes générales devront demeurer la principale source de financement de la CSU à court terme

À court terme, la prévalence du travailleur informel limite le potentiel d'une cotisation sociale santé à financer à elle seule la CSU. Dès lors, les recettes générales devront jouer un rôle essentiel dans le financement. Dans un premier temps, le financement de la CSU devra reposer essentiellement sur le budget de l'État. Cependant, si elle est actée, l'introduction envisagée par les autorités d'une cotisation santé pourrait soutenir progressivement le financement du secteur de la santé à mesure que la formalisation se développe. En outre, le Cameroun devrait alors opter pour un taux de cotisation assurant des recettes significatives sans être trop élevé pour ne pas constituer une barrière au développement du travail formel, objectif crucial à titres multiples dont celui de générer davantage de recettes issues de cette potentielle nouvelle cotisation.

La mise en place d'une cotisation sociale santé, génèrerait des recettes modestes à court terme mais non négligeables pour le financement de la CSU. Les données ECAM5 suggèrent que seuls 10,1 % des travailleurs (soit environ 970 000 individus) paient une forme de cotisations sociales, étant agents de la fonction publique ou bien salariés du secteur privé affiliés à la CNPS. Ainsi, une cotisation santé d'un taux de 2 % génèrerait des recettes de l'ordre de 0,1 % de PIB (Tableau 2.1). Un taux de cotisation de 5 % serait quant à lui associé à des recettes non négligeables au-delà de 0,3 % du PIB. Néanmoins ces recettes resteraient modestes au regard de l'ampleur des besoins de financement de la CSU, estimés par la SSS à 6 % du PIB à plein régime.

La mise en place d'une cotisation santé devrait être articulée avec les modalités d'accès aux soins pour éviter les effets d'exclusion ou de désincitation à la formalisation. Dans l'hypothèse de sa mise en place, la cotisation ne devrait pas constituer une condition *sine qua non* à l'accès aux soins, sans quoi seuls les travailleurs formels, généralement plus aisés, pourraient en bénéficier, accentuant les inégalités par rapport aux ménages modestes. Inversement, un accès gratuit et parallèle aux soins pour les non-contributeurs limiterait la pertinence d'une cotisation santé en réduisant les incitations à cotiser et à la formalisation.

Tableau 2.1. Simulation de recettes générées par la mise en place d'une cotisation santé

Recettes générées par la mise en place d'une cotisation sociale santé sur les salariés formels, selon le taux de la cotisation, en % du PIB

Taux de la cotisation santé sur les salaires avant prélèvement des autres cotisations sociales	Recettes de cotisations santé annuelles des agents du service public et salariés du secteur privé cotisant à la CNPS (en % du PIB)
1 %	0,06 %
2 %	0,13 %
3 %	0,19 %
4 %	0,26 %
5 %	0,32 %

Note : D'après les données de l'ECAM5, le Cameroun compte plus de 970 000 salariés cotisants, qu'ils soient agents de la fonction publique ou salariés du secteur privé affiliés à la CNPS. Environ deux tiers d'entre eux ont déclaré leur salaire dans l'ECAM5. Les simulations portent sur l'ensemble des salariés cotisants, y compris ceux n'ayant pas souhaité déclarer leur salaire, en supposant que la distribution salariale de ces derniers est identique à celle des déclarants. La cotisation santé est appliquée au salaire brut (avant prélèvement des cotisations sociales de 10 % pour les agents de la fonction publique et un taux intermédiaire de 17,9 % pour les salariés du secteur privé). Aucun plafond de cotisation santé ni salaire minimum pour cotiser n'est appliqué.
Source : Calculs de l'OCDE à partir des données ECAM5.

Malgré des recettes modestes, la mise en place de la cotisation santé contribuera à assurer progressivement l'extension de la couverture de la CSU. Pour concilier les arbitrages exposés dans le paragraphe précédent, une approche idoine pourrait consister en la mise en place d'un système de santé à deux étages. Un premier étage garantirait à l'ensemble de la population l'accès sans condition à un socle de soins prioritaires, correspondant au panier de soins inclus dans la CSU, destiné à être élargi progressivement. Un second étage offrirait des prestations additionnelles réservées aux personnes s'acquittant de la cotisation. Ce second étage serait financé directement par les recettes de la cotisation santé créée. Cependant, le coût estimé de la CSU (premier étage) est substantiel (4-6 % de PIB par an) et constitue un défi important pour le Cameroun au regard de ses ressources budgétaires actuelles. En outre, l'organisation opérationnelle d'un système à deux étages soulève des défis additionnels de gouvernance. Dans ce cadre de fortes contraintes de ressources, une approche pragmatique apparaît plus opportune et consisterait à concentrer les efforts sur l'extension de la CSU à l'ensemble de la population en finançant ce socle de soins via des transferts publics ainsi que la cotisation sociale santé à mettre en place.

Une réflexion sur le développement de mécanismes contributifs pour les travailleurs du secteur informel ayant une capacité contributive pourrait être menée. Selon leur niveau de ressources, il pourrait également être envisagé que les travailleurs du secteur informel bénéficient de l'accès à la CSU sous conditions. Le Cameroun pourra s'inspirer d'expériences internationales, à l'instar du programme *Seguro Popular* au Mexique, consistant en une assurance santé volontaire destinée aux individus ne cotisant à la caisse de sécurité sociale nationale. Ce programme a contribué au développement massif du nombre de personnes couvertes, en concevant des modalités contributives, s'adaptant notamment aux ressources des individus, ceux des quatre déciles de revenu inférieurs bénéficiant de l'assurance de manière gratuite. De manière similaire, au Cameroun, l'accès à la CSU pourrait demeurer sans condition pour les individus aux ressources modestes, tandis qu'il serait conditionné à la participation au régime d'assurance volontaire ou l'acquittement de l'impôt général synthétique (voir discussion Chapitre 4) pour les individus aux ressources plus élevées. Les individus disposant de ressources suffisantes ne remplissant pas ces conditions demeureraient inéligibles à la CSU et devraient supporter eux-mêmes leurs dépenses de santé. L'évaluation des ressources des individus constitue à ce stade un défi. Le développement et la consolidation du RESUC pourraient permettre d'identifier les ménages à faibles ressources qui devraient bénéficier d'un accès sans condition aux soins. Cette approche offrirait une incitation à la formalisation des travailleurs du secteur informel, susceptible d'étendre la couverture de l'assurance sociale.

Une communication claire, cohérente et proactive jouera un rôle déterminant pour favoriser l'adhésion de la population à la nouvelle contribution. La mise en place d'un nouveau mécanisme de financement nécessite un effort soutenu de pédagogie afin d'en expliciter les objectifs, les modalités de fonctionnement et les bénéfices attendus, tant en termes d'accès aux soins que de soutenabilité du système. Une stratégie d'information bien conçue, fondée sur la transparence et la lisibilité du dispositif, sera essentielle pour renforcer l'acceptation sociale de la contribution et encourager la participation effective au régime.

Le développement de la CSU requiert une gouvernance claire et une gestion rigoureuse

La mise en place de la caisse d'assurance maladie pour la gestion des recettes issues de la cotisation santé nécessite un positionnement institutionnel clair et cohérent. La création d'une caisse d'assurance maladie au Cameroun implique de clarifier son positionnement institutionnel dans l'écosystème de la protection sociale (Institut Tropical et de Santé Publique Suisse, 2023[7]). Cette caisse devrait nécessairement entretenir des liens fonctionnels avec la CNPS, en charge des travailleurs salariés du secteur privé. Un ancrage de la nouvelle caisse auprès de la CNPS pourrait être envisagé. Il devrait néanmoins respecter le principe d'autonomie des caisses, aucune d'elles ne pouvant être placée sous la tutelle d'une autre, pour être conforme aux standards de la Conférence Interafricaine de la Prévoyance Sociale (CIPRES). Une alternative consisterait à placer cette caisse sous l'autorité du MINSANTE, en particulier si elle vise une population plus large que les seuls cotisants du secteur formel.

Des améliorations en matière de gestion seront également nécessaires pour faciliter le financement de la CSU. En effet, la gestion inefficiente des ressources constitue un obstacle majeur à l'efficacité du système de santé camerounais (MINSANTE, 2024[8] ; GIZ, 2024[9]). Selon l'enquête PETS (Public Expenditure Tracking Survey) réalisée par l'INS et le Centre d'Analyse et de Recherche sur les Politiques Économiques et Sociales du Cameroun (CAMERCAP-PARC, 2022[10]), une part importante du financement public alloué à la santé n'est pas directement orientée vers la résolution des problèmes sanitaires, mais se perd dans une chaîne de dépenses marquée par des déperditions importantes. À cette inefficience s'ajoutent des retards de paiement chroniques, liés notamment à des écarts dans la tarification des actes, i.e. entre l'acte facturé par le praticien de santé et montant de remboursement prévu par le MINSANTE pour cet acte. Les mécanismes de facturation et remboursement devront ainsi être clarifiés et renforcés afin de réduire les tensions de trésorerie et retards de paiement associés.

Références

Banque mondiale (2024), *Collecter davantage, Dépenser Mieux pour atteindre les objectifs de la Vision 2035*, https://documents.worldbank.org/en/publication/documents-reports/documentdetail/099061224152015712/p17898211056460581bbe61114370399c6d (consulté le 1 avril 2025). [3]

CAMERCAP-PARC (2022), *Couverture Santé Universelle, jusqu'où le Cameroun peut-il être prêt ?*, Centre d'Analyse et de Recherche sur les Politiques Économiques et Sociales du Cameroun, https://elibrary.acbfpact.org/acbf/collect/acbf/index/assoc/HASHd6a0/aa311f66/0767b5b9/37.dir/Policy%20Brief%2008%20FR%20Juin%2022.pdf. [10]

GIZ (2024), *Étude de suivi des dépenses publiques dans le secteur de la santé et application de l'outil FinHealth dans le cadre de la Couverture de Santé Universelle*, Deutsche Gesellschaft für Internationale Zusammenarbeit (GIZ). [9]

Institut Tropical et de Santé Publique Suisse (2023), *Réalisation d'une étude péréalable à la mise en place d'un organisme de gestion de la couverture sanitaire universelle au Cameroun*, Agence Française de Développement, https://p4h.world/app/uploads/2024/10/AFD-Etude-OGCSU-Rapport-final_Cameroun.x91912.pdf. [7]

MINSANTE (2024), *Rapport d'analyse de l'efficience inter-programmatique en santé au Cameroun*, https://www.afro.who.int/sites/default/files/2025-03/RAPPORT_CPEA_%20CMR%20Version_finale.pdf. [8]

MINSANTE (2022), *Rapport sur les comptes de la santé au Cameroun 2018 - 2019*, https://p4h.world/app/uploads/2024/05/RAPPORT-DES-COMPTES-DE-LA-SANTE-2018-2019-CMR-Version_Finale.x23411.pdf. [12]

MINSANTE (2022), *Rapport sur les comptes de la santé au Cameroun 2018 - 2019*, Ministère de la Santé Publique du Cameroun, https://p4h.world/app/uploads/2024/05/RAPPORT-DES-COMPTES-DE-LA-SANTE-2018-2019-CMR-Version_Finale.x23411.pdf. (consulté le 27 avril 2025). [1]

MINSANTE (2020), *Stratégie de développement de la Couverture Santé Universelle au Cameroun.* [11]

MINSANTE (2020), *Stratégie de développement de la Couverture Santé Universelle au Cameroun*, Ministère de la Santé Publique du Cameroun. [6]

Ngepah, N. et A. Ndzignat Mouteyica (2024), « Trends in household out-of-pocket health expenditures and their underlying determinants: explaining variations within African regional economic communities from countries panel data », *Globalization and Health*, vol. 20/1, p. 27, https://doi.org/10.1186/s12992-024-01032-0. [2]

UNOCHA (2024), *Humanitarian needs overview: Cameroon*, United Nations Office for the Coordiantion of Humanitarian Affairs, https://reliefweb.int/report/cameroon/cameroon-humanitarian-needs-overview-2024-february-2024. [4]

UNOCHA (2024), *Humanitarian response plan: Cameroon*, United Nations Office for the Coordination of Humanitarian Affairs, https://reliefweb.int/report/cameroon/cameroon-2024-humanitarian-response-plan-april-2024. [5]

Note

[1] Document non accessible à la mission.

3 Développer la couverture de l'assurance sociale

L'assurance sociale du secteur privé est contrainte par la forte informalité

Le régime d'assurance privé possède des bases saines en matière de financement mais repose sur une base étroite. Le Cameroun dispose aujourd'hui de deux régimes obligatoires de protection sociale : l'un géré par la CNPS pour les salariés du secteur privé, l'autre par le Ministère des Finances (MINFI) pour les agents de l'État. Le régime privé repose sur des cotisations dont les taux sont compris entre 13,85 % et 20,40 % (Tableau 3.1) selon le type d'emploi concerné et couvre les principaux domaines de protection standards à l'exception du chômage et de la santé. La santé en particulier constitue un manque important du système dont il convient de penser les modalités pour y remédier (voir Chapitre 2). Le régime d'assurance sociale privé présente une situation financière stable – possiblement car peu d'individus bénéficient de pensions de retraite –, ses prestations étant intégralement financées par les cotisations sociales et les produits de placement. Néanmoins, une grande majorité des travailleurs du secteur privé demeurant informels, le nombre de cotisants et de bénéficiaires demeure à ce jour limité, restreignant le déploiement d'une protection sociale solide à l'échelle de la population.

Tableau 3.1. Taux de cotisations sociales pour les salariés du secteur privé

	Employeur	Salarié	Plafond mensuel
Prestations familiales	7 % pour les travailleurs relevant du régime général, y compris les domestiques et les gens de maison	-	750 000 F CFA
	5,65 % pour les travailleurs relevant du régime agricole et assimilés	-	
	3,70 % pour le personnel de l'enseignement privé	-	
Assurance vieillesse, invalidité, décès	4,20 %	4,20 %	750 000 F CFA
Accidents du travail et maladies professionnelles	1,75 %, 2,50 % ou 5 % suivant les risques encourus dans l'entreprise	-	Totalité du salaire

Source: CLEISS.

La charge fiscale sur les salaires est significative. Composée de l'impôt sur le revenu, des cotisations (voir Tableau 3.1) et autres taxes sur salaires, celle-ci s'élève, *a minima*, pour les travailleurs du régime général à 18,5 % des coûts totaux de main d'œuvre pour un travailleur du secteur privé du régime général rémunéré au salaire moyen (130 000 FCFA par mois) (OCDE, 2024[33])[1]. Ceci s'explique notamment par des taux de cotisations relativement élevés en comparaison internationale (moyenne de 21,5 % dans les pays de l'OCDE), compte-tenu de l'absence de cotisations santé et chômage. Une hausse de la charge fiscale, induite par une revalorisation des cotisations ou de l'impôt sur le revenu des personnes physiques (IRPP), paraît peu opportune, ou devrait du moins être pensée avec prudence, au risque de renforcer les barrières à la formalisation.

Une révision du taux de cotisation appliqué aux prestations familiales pourrait être considérée afin d'accompagner l'introduction d'une cotisation santé. Le taux de cotisation de 7 % appliqué aux prestations familiales pour les travailleurs relevant du régime général apparaît élevé. Une évaluation pourrait être menée afin d'examiner la pertinence et la faisabilité d'une réduction de ce taux, ce qui, le cas échéant, faciliterait l'introduction d'une cotisation santé. Néanmoins, les branches du régime de sécurité sociale n'étant dans les faits pas indépendantes, et le déficit ponctuel d'une branche pouvant être couvert par l'excédent d'une autre branche, la révision de la branche des prestations familiales pourrait impacter l'équilibre financier de l'ensemble du régime. Une révision des paramètres du régime de sécurité social est un exercice complexe, qu'il convient donc d'envisager avec prudence.

Le régime de protection sociale des agents de l'État nécessite des réformes en matière de soutenabilité. Le régime des agents de l'État présente des lacunes structurelles : bien que les fonctionnaires contribuent à hauteur de 10 % de leur rémunération, l'employeur – l'État – n'apporte aucune contribution en contrepartie, en contradiction avec les principes fondamentaux des régimes contributifs. L'absence de cofinancement fragilise la soutenabilité du système, dans un contexte où plus de 25 % des agents publics atteindront l'âge de la retraite d'ici dix ans. En particulier, les pensions de la fonction publique accusent un déficit de financement important – largement tirés par les pensions versées aux militaires –, les deux tiers des dépenses associées étant financées via les recettes générales (Banque mondiale, 2024[1]). Le régime des fonctionnaires nécessite ainsi une réforme institutionnelle et le développement d'une caisse dédiée. En outre, si le Cameroun alignait les modalités de cotisations et de prestations associées du secteur public sur le secteur privé, il pourrait envisager la fusion des caisses pour l'institution d'une caisse unique. Par ailleurs, le régime d'assurance sociale des agents de l'État – principal employeur au Cameroun – souffre d'un déficit de lisibilité et de couverture des risques. Hormis la branche vieillesse, peu de mécanismes sont clairement identifiables ou accessibles. Lorsqu'un agent est confronté à une maladie professionnelle ou un accident du travail, les démarches à entreprendre sont généralement méconnues, et les procédures, lorsqu'elles existent, sont perçues comme longues et incertaines.

Le seuil minimum de 15 ans de cotisations pour accéder à une pension de retraite à 60 ans apparaît bas en comparaison internationale. La durée minimale de cotisations est en effet fixée à 180 mois pour les salariés du secteur privé, les agents de la fonction publique ou encore les travailleurs indépendants cotisant à l'assurance sociale volontaire. Si ce seuil reflète sans doute une volonté d'adaptation aux faibles durées de cotisation observées, ce paramètre pourrait fragiliser la soutenabilité du régime, à mesure que les cotisants parviennent à la retraite et que l'espérance de vie augmente. Il conviendrait d'envisager une révision progressive des paramètres du régime, en tenant compte de l'évolution de la couverture contributive, afin de renforcer sa viabilité à long terme.

Le Cameroun a amorcé un processus de mise en conformité de son système de sécurité sociale avec les standards internationaux. Membre de la CIPRES, le Cameroun a adhéré, il y a deux ans, à plusieurs mécanismes de gestion en matière de sécurité sociale, impliquant d'aligner les textes nationaux à ce cadre normatif international. La gestion autonome de la CNPS répond ainsi aux prescriptions de la CIPRES. En revanche, pour être en conformité avec ce socle juridique, le Cameroun devra créer une caisse d'assurance maladie et s'est engagé dans la mise en place d'une caisse pour le personnel de l'État.

Le Cameroun a renforcé la portabilité des droits sociaux et la traçabilité des cotisations à travers plusieurs mécanismes juridiques et numériques. Dans le cadre de sa coopération régionale, le pays a signé des conventions bilatérales avec ses voisins, notamment le Gabon, afin de permettre la portabilité des droits et cotisations des travailleurs migrants. Ces accords permettent de pallier les ruptures de couverture en cas de mobilité transfrontalière, tout en garantissant la continuité des droits à pension ou à prestations. Parallèlement, la CNPS a investi dans la digitalisation de ses services, avec la mise en place d'outils de télédéclaration pour les employeurs et de consultation individuelle des historiques de paiement. Ces outils permettent aux assurés de vérifier que les cotisations sociales prélevées sur leur salaire sont effectivement reversées par l'employeur, renforçant ainsi la transparence et la responsabilisation de chacun dans le suivi de la carrière contributive.

Malgré ces avancées, le contrôle du reversement des cotisations reste fragile. De nombreux cas de cotisations prélevées par l'employeur mais non reversées à la CNPS subsistent, et les mécanismes de dénonciation restent peu utilisés. Les travailleurs sont souvent peu informés de leurs droits et craignent des représailles en cas de signalement, y compris lorsqu'ils passent par les délégués du personnel. Ces derniers, eux-mêmes exposés, peuvent hésiter à alerter les syndicats ou à engager une procédure auprès de la CNPS. Si cette dernière dispose, en théorie, d'un mandat du Trésor lui permettant de prélever directement les montants dus sur les comptes des entreprises et de procéder à des contrôles, sa marge de manœuvre reste limitée dans la pratique. Certaines collectivités territoriales décentralisées (CTD), qui accusent des arriérés de paiement substantiels auprès de la CNPS, peuvent exercer sur elle des pressions informelles pour éviter des mesures de recouvrement. Il convient donc de développer des actions de sensibilisation pour inciter les salariés à suivre activement leur historique de cotisations et les informer des recours possibles, ainsi que renforcer l'encadrement du recouvrement.

Il existe un potentiel pour le développement de l'assurance sociale aux unités de production informelles (UPI). Seuls 15 % des promoteurs d'UPI déclarent connaître la sécurité sociale selon les données d'Enquêtes sur l'Emploi et le Secteur Informel (EESI3). Même alors, la connaissance des prestations au sein de ce groupe apparaît partielle et hétérogène, suggérant la pertinence de développer l'information et les canaux de communication à destination des UPI. 32 % des promoteurs d'UPI se déclarent favorables ou très favorables à la création d'un système de cotisations et de protection sociale propres à leur secteur d'activité. Seulement 9 % n'y sont pas favorables, mais 40 % demeurent sans opinion. Le cas échéant, la préférence irait à un système de cotisations et de protection publics (41 % des promoteurs) ou para-public (37 %), plutôt que privé (22 %). Les attentes des promoteurs d'UPI vis-à-vis d'un tel système portent prioritairement sur la retraite (45 % des promoteurs), puis sur l'incapacité de travail (20 %), le chômage (15 %), et enfin le décès et la santé (10 % chacun). Enfin, 60 % des promoteurs d'UPI déclarent être prêts à payer des cotisations sociales pour un montant de 2 000 FCFA par mois ou plus (Graphique 3.1).

Graphique 3.1. Consentement à payer des cotisations

Répartition des promoteurs d'UPI selon le montant mensuel maximal en FCFA qu'ils sont prêts à payer en termes de cotisations sociales

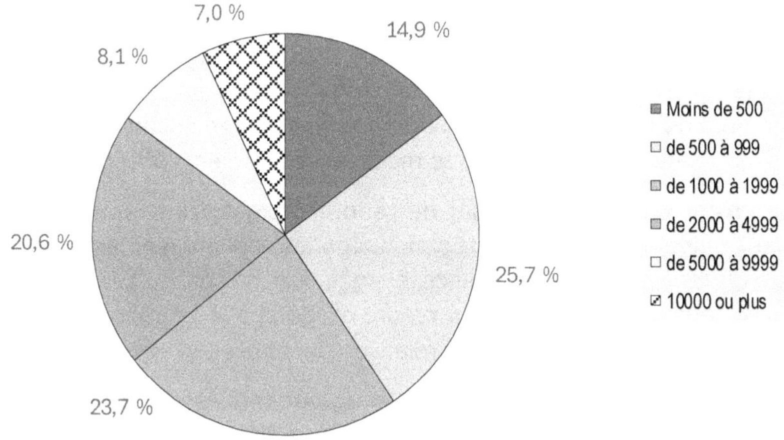

Source : EESI3.

L'attractivité de l'assurance sociale volontaire reste à développer

Le régime d'assurance sociale volontaire offre aux travailleurs indépendants et du secteur informel une opportunité de couverture partielle. Institué par décret en 2014 et géré par la CNPS, ce régime s'adresse aux personnes n'ayant pas accès aux régimes obligatoires de sécurité sociale, notamment les artisans, commerçants, travailleurs domestiques, professions libérales ou petits exploitants agricoles. L'adhésion est individuelle et volontaire, sans que l'employeur (le cas échéant) ne soit tenu de cotiser. La couverture offerte reste limitée aux pensions de vieillesse, d'invalidité et de réversion, à l'exclusion des prestations de court terme telles que les soins de santé, les prestations familiales ou les accidents du travail. Le niveau de cotisation est aligné avec celui du taux de cotisation relatif aux pensions du régime obligatoire pour les salariés du secteur privé et fixé à 8,4 % du revenu mensuel déclaré par le travailleur.

L'attractivité limitée du régime d'assurance volontaire tient au champ restreint des prestations couvertes, qu'il convient d'élargir. Aujourd'hui centré principalement sur la pension vieillesse, le régime suscite peu d'intérêt, notamment de la part des jeunes actifs, qui valorisent (également) des prestations à plus court terme, en lien avec les aléas de la vie courante : couverture santé, prestations familiales ou risques professionnels. L'absence de ces prestations constitue un frein à l'adhésion. Dans un contexte où la confiance dans le système reste fragile et où la retraite paraît lointaine, les cotisants potentiels perçoivent difficilement l'intérêt de "bloquer" une part de leurs revenus pendant 180 mois, soit la durée minimale requise pour accéder à une pension. Un projet de texte visant à élargir le champ de couverture est en cours d'élaboration. La Confédération Syndicale des Travailleurs du Cameroun (CSTC), active dans l'accompagnement des travailleurs informels, milite par ailleurs pour un relèvement du taux de cotisation relatif à la pension vieillesse – invalidité – décès à 15 % – contre 8,4 % aujourd'hui – et du plafond à 1 000 000 FCFA – contre 750 000 FCFA aujourd'hui – pour une revalorisation des prestations associées répondant mieux aux besoins de la population et au coût de la vie. La réflexion sur l'extension des prestations devrait inclure les services de santé dans le cadre du développement de la CSU et de son financement.

L'élargissement du régime volontaire à de nouvelles prestations soulève des enjeux de financement qu'il convient d'anticiper. Contrairement au régime obligatoire où les cotisations sont partagées entre employeur et salarié, le régime volontaire repose intégralement sur la contribution du travailleur, ce qui rend toute hausse du taux de cotisation plus sensible. La CSTC estime néanmoins que le relèvement des taux de cotisations ne constituerait pas nécessairement un obstacle sous réserve d'une meilleure adéquation aux besoins des assurés et éventuellement d'une revalorisation significative des prestations. Dans ce contexte, une participation financière de l'État pourrait être envisagée pour soutenir l'extension du panier de prestations sans compromettre l'accessibilité du régime, à l'image des mécanismes de cofinancement mis en place dans d'autres pays, tels que le Régime Simplifié pour les Petits Contribuables (RSPC) au Sénégal ou l'Article 40 du régime de sécurité sociale en Thaïlande. Des campagnes d'information et de sensibilisation seraient enfin des relais utiles dans cette démarche de renforcement de l'attractivité de l'assurance sociale, en diffusant une meilleure compréhension des droits ouverts, des services couverts et des modalités concrètes d'affiliation.

Le Cameroun pourrait envisager de rendre obligatoire l'assurance sociale pour les professions libérales. Selon le MINTSS, certaines catégories, notamment les professions libérales, manifestent un intérêt croissant pour une assurance élargie, à condition qu'elle offre une réelle protection contre les risques sociaux. Une réflexion pour rendre obligatoire l'assurance sociale pour les professions libérales, disposant généralement de revenus relativement stables et significatifs, pourrait être engagée.

Le cadre juridique camerounais prévoit une possibilité de transition entre le régime obligatoire et le régime volontaire, mais celle-ci reste peu incitative. Conformément à l'article 8 alinéa 2 du décret n° 2014/2377/PM du 13 août 2014, un travailleur ayant cessé son activité professionnelle peut demander à être affilié au régime d'assurance volontaire, à condition de respecter un délai de carence de six mois après la fin de son contrat. Cette mesure vise à assurer une continuité de la couverture sociale. Toutefois, cette transition s'accompagne d'une réduction significative du champ de couverture : alors que le régime obligatoire englobe l'ensemble des risques sociaux, le régime volontaire se limite aux seules pensions de vieillesse, d'invalidité et de décès. Ce rétrécissement du panier de prestations rend la conversion peu attractive pour les anciens salariés, et contribue à la faible adhésion au régime volontaire (Kontchop, 2023[2]). De façon plus large, les transitions d'un individu entre secteur formel, secteur informel et absence d'emploi étant particulièrement fréquentes dans les pays à revenu intermédiaire (Aleksynska, La et Manfredi, 2023[3]), le Cameroun pourrait considérer les moyens de faciliter la transition entre les deux régimes, en particulier la transition du régime volontaire au régime obligatoire. Un alignement relatif de ces deux régimes, notamment en termes de prestations incluses, facilitera ces transitions et la portabilité des droits. Enfin, le Cameroun devra définir des règles et mettre en place des contrôles afin que les entreprises n'aient pas recours à des indépendants fictifs, c'est-à-dire des travailleurs présentés comme indépendants alors que leur relation de travail correspond en réalité à celle d'un salarié.

L'efficacité du régime d'assurance volontaire repose en grande partie sur l'intégration de mécanismes incitatifs ou contraignants qui en renforcent l'adhésion. En l'absence d'obligation légale, les expériences internationales témoignent de la difficulté à assurer une participation large aux régimes d'assurance volontaire. Cela est également valable pour le Cameroun, où l'assurance volontaire peine à mobiliser durablement les travailleurs du secteur informel, pour qui la contribution sociale est souvent perçue comme une charge sans bénéfice immédiat. Des dispositifs associant incitation et contrainte douce, peuvent se révéler efficaces. La mise en place de la carte artisan relève de cette approche. Délivrée uniquement aux artisans pouvant justifier d'une affiliation à la CNPS, la carte artisan conditionne l'accès à plusieurs avantages, notamment l'appui du MINPMEESA – pouvant prendre la forme de crédits, de participation à des foires ou événements de promotion –, ou à des programmes portés par le Ministère des Arts et de la Culture (MINAC). En combinant reconnaissance statutaire, incitations économiques et exigences de protection sociale, ces mécanismes contribuent à orienter les artisans vers le régime d'assurance sociale volontaire et favorise leur formalisation progressive. Le succès qui semble se dessiner autour de ce dispositif récent invite à penser la réplication du modèle à d'autres secteurs d'activité, en prenant en compte les spécificités de ceux-ci, tels que le personnel domestique, les petites entreprises relevant de l'économie sociale (à travers le label d'économie sociale), ou encore le secteur des transports et des taxis. Selon la CSTC, Yaoundé compte aujourd'hui 35 000 conducteurs de taxi, et pourrait par exemple constituer un bon pilote en vue d'une extension plus large au secteur des transports à travers le pays. Le secteur agricole pourrait également faire l'objet d'une réflexion similaire, en ciblant les chefs de ménage et proposant des contreparties incitatives efficaces à l'adhésion au régime d'assurance sociale volontaire tel que l'accès à des intrants agricoles subventionnés et aux services du Fonds Spécial d'Équipement et d'Intervention Intercommunale (FEICOM).

La stratégie de proximité territoriale contribue au développement de l'assurance volontaire. Des antennes locales de la CNPS ont été déployées dans les communes et sur les marchés, tandis que des conventions ont été signées avec des syndicats et autres relais communautaires. Les agents déployés sur le terrain bénéficient d'une commission proportionnelle au nombre de cotisants recrutés, ce qui stimule leur engagement. Cette approche a permis récemment d'élargir de façon significative la base contributive du régime volontaire. Elle suggère que l'assurance sociale possède une dimension de proximité forte et invite plus avant à la mobilisation des CTD et organisations locales pour renforcer la participation au régime. Ces stratégies contribueront à développer le régime, néanmoins les attentes en termes de couverture relatives à une assurance volontaire doivent rester réalistes, les expériences internationales illustrant la difficulté de parvenir à une couverture massive de la population cible à travers ce type de régime (Giles, Joubert et Tanaka, 2025[4] ; Ghorpade, Restrepo et Castellanos, 2024[5]).

Références

Aleksynska, M., J. La et T. Manfredi (2023), « Transitions to and from formal employment and income dynamics : Evidence from developing economies », *OECD Development Centre Working Papers*, n° 349, OECD Publishing, Paris, https://doi.org/10.1787/bc186b3b-en. [3]

Banque mondiale (2024), *Collecter davantage, Dépenser Mieux pour atteindre les objectifs de la Vision 2035*, https://documents.worldbank.org/en/publication/documents-reports/documentdetail/099061224152015712/p1789821105646058lbbe61114370399c6d (consulté le 1 avril 2025). [1]

Ghorpade, Y., C. Restrepo et L. Castellanos (2024), « Social Protection and Labor Market Policies for the Informally Employed: A Review of Evidence from Low-and Middle-Income Countries », http://www.worldbank.org (consulté le 24 février 2025). [5]

Giles, J., C. Joubert et T. Tanaka (2025), « Participation in Pension Programs in Low-and Middle-Income Countries », http://www.worldbank.org/prwp. (consulté le 14 août 2025). [4]

Kontchop, H. (2023), « Regard critique sur le droit camerounais de la prévoyance sociale », *Revue de droit comparé du travail et de la sécurité sociale* 1, pp. 66-83, https://doi.org/10.4000/rdctss.5111. [2]

Note

[1] Le taux de cotisations sociales minimum inclut un taux de 8,4 % pour les pensions, de 7 % pour les prestations familiales, et de 1,75 % pour les accidents du travail et les maladies professionnelles (taux minimum pour les entreprises où les risques sont les plus faibles).

4 Développer l'économie formelle

Le Cameroun devra renforcer les incitations à la formalisation

L'informalité pèse sur la couverture en matière de protection sociale et son financement. La grande majorité des travailleurs formels sont salariés, les travailleurs indépendants exerçant, à de rares exceptions, de façon informelle. Le Cameroun compte 3,4 M d'UPI. Leur taille moyenne est de 1,2 personnes et 86 % sont unipersonnelles.

Graphique 4.1. Répartition des emplois par secteur institutionnel

Exprimée en %, en 2021

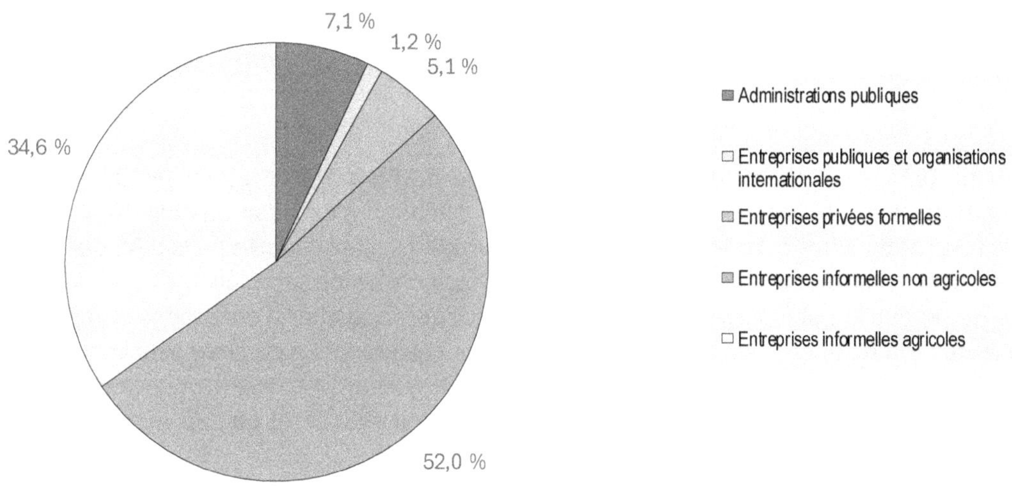

Source : EESI3.

La méconnaissance des dispositifs existants et les perceptions négatives freinent les dynamiques de formalisation. Le Ministère des Petites et Moyennes Entreprises, de l'Économie Sociale et de l'Artisanat (MINPMEESA) place la création d'emplois et de richesse au cœur de sa mission, en soutenant le développement des PME, de l'artisanat et de l'économie sociale. Pourtant, pour de nombreux entrepreneurs, la formalité reste perçue comme un cadre réservé aux fonctionnaires, tandis que les obligations fiscales et sociales sont redoutées, faute d'une compréhension claire des droits et bénéfices associés. Pour lever ces freins, une série de mesures administratives, fiscales et financières a été mise en place, telles que la simplification des démarches auprès des Centres de Formalités de Création d'Entreprises (CFCE), permettant de créer une entreprise en 72 heures pour un coût réduit à 64 000 FCFA, la suppression de l'obligation de recourir à un notaire, la réduction du capital minimum requis, ou encore des exonérations fiscales pour les nouvelles entreprises. Les Centres de Gestion Agréés (CGA), cogérés par le MINFI et le MINPMEESA, constituent également un levier d'accompagnement technique et administratif incitatif vers la formalisation.

La Direction Générale des Impôts (DGI) renforce ses efforts en matière de formalisation du secteur informel en combinant contraintes administratives et partenariats incitatifs. Elle impose l'immatriculation fiscale comme condition préalable à l'accès à des services de base, rendant ainsi impossible un certain nombre de transactions, telles que le paiement de factures d'eau, d'électricité ou de téléphonie, sans numéro d'identification. En collaboration avec les CGA, la DGI a également développé le programme de partenaire fiscal intégré. Cette initiative repose sur la signature d'un protocole d'accord avec une personnalité influente dans un secteur spécifique (par exemple le cacao ou les pièces détachées), qui devient un relais actif de l'administration fiscale. Ce partenaire contribue à identifier les opérateurs non immatriculés, en particulier au sein des plus gros acteurs d'un secteur donné, à diffuser des messages de sensibilisation et à promouvoir le civisme fiscal dans son secteur, en usant de sa notoriété. En contrepartie, les partenaires et les opérateurs nouvellement formalisés peuvent bénéficier de mesures incitatives telles que des amnisties, des dispenses ou des facilités administratives. Enfin, la DGI a mis en place un dispositif reposant sur environ 200 grandes entreprises, désignées comme collecteurs d'impôts, qui appliquent une retenue à la source lors de leurs transactions avec des fournisseurs de plus petite taille. Le taux de retenue est modulé selon le niveau de formalité du fournisseur : plus ce dernier est informel (absence d'immatriculation fiscale ou de déclarations), plus la retenue appliquée est élevée, constituant ainsi une incitation à la formalisation progressive des unités de production. Les mesures entreprises par la DGI se traduisent par des résultats encourageants. Sur les deux dernières années, le fichier des contribuables professionnels s'est élargi de 100 000 nouveaux inscrits et le nombre d'assujettis à la taxe sur la valeur ajoutée (TVA) est passé de 14 000 à 25 000.

La conception du régime d'imposition forfaitaire pourrait être ajustée afin de mieux répondre à ses objectifs

Jusqu'en 2024, le Cameroun disposait du régime de l'impôt libératoire (RIL), régime d'imposition forfaitaire destiné aux contribuables dont le chiffre d'affaires n'excédait pas les 10 M FCFA. Fixé à un niveau relativement bas comparé à des régimes équivalents dans d'autres pays d'Afrique (Graphique 4.3), ce seuil permettait en théorie de cibler les plus petites unités de production et d'exclure du régime les unités de production plus larges, *a priori* en capacité de s'acquitter d'obligations comptables et fiscales supérieures. En revanche, ainsi fixé ce seuil requérait également un contrôle plus important de la part de l'administration fiscale. Se substituant à la patente, l'IRPP et la TVA, le RIL consistait en un prélèvement forfaitaire organisé autour de quatre tranches de chiffre d'affaires et dont le montant final était fixé au niveau communal.

La Loi n° 2024/020 du 23 décembre 2024 institue la transmutation du RIL en un nouveau régime d'imposition forfaitaire : l'impôt général synthétique (IGS)[1]. Celui-ci porte le seuil d'éligibilité à un chiffre d'affaires maximal de 50 M FCFA, soit cinq fois plus haut que l'ancien seuil, pour atteindre un des plus hauts niveaux dans les pays comparateurs (Graphique 4.3). Dans la sélection de pays africains considérée, seul le Sénégal (régime de la *contribution globale unique*) et la Côte d'Ivoire (*régime de l'entreprenant*), ont opté pour un seuil aussi haut. Si cette décision a été motivée par la poursuite d'un double objectif : réduire les coûts de gestion pour l'administration et alléger la complexité des obligations pour les petits opérateurs économiques, elle fait aussi courir le risque de permettre à des entrepreneurs qui auraient les capacités de se conformer à la fiscalité du régime réel ou simplifié, de bénéficier de la fiscalité allégée de l'IGS. Dans son projet de loi de finances 2026, le Cameroun envisage d'abaisser ce seuil à 30 M FCFA pour les professions libérales, tandis que les nouveaux contribuables des secteurs pétrolier, minier, gazier, du crédit, de la microfinance, de l'assurance et de la téléphonie mobile seraient soumis au régime réel quel que soit leur chiffre d'affaires, de la même manière que les nouveaux contribuables justifiant d'un agrément à l'un des régimes d'incitations à l'investissement de l'ordonnance du 18 juillet 2025 et des titulaires de charges notariales notamment.

L'instauration de l'IGS vise en outre à améliorer l'efficacité administrative et la transparence des recettes. Le RIL souffrait d'une fragmentation institutionnelle, reposant sur une double collecte par les services de l'État et les CTD. Cette configuration engendrait des difficultés de traçabilité des flux et des risques de non-reversement effectif des sommes perçues par des agents des CTD ayant autorité. En réponse, la mise en place de l'IGS permet de rationaliser la gestion en confiant la collecte exclusivement à la DGI. En outre, contrairement au RIL où les montants forfaitaires étaient fixés au niveau communal, ceux de l'IGS sont uniformes au niveau national (Tableau 4.1), contribuant à offrir davantage de simplicité et lisibilité pour le contribuable.

Tableau 4.1. Barème d'imposition de l'Impôt général synthétique

Fourchette de chiffre d'affaires (FCFA)	Montant à payer (FCFA)
Inférieur à 500 000	20 000
Égal ou supérieur à 500 000 et inférieur à 1 000 000	30 000
Égal ou supérieur à 1 000 000 et inférieur à 1 500 000	40 000
Égal ou supérieur à 1 500 000 et inférieur à 2 000 000	50 000
Égal ou supérieur à 2 000 000 et inférieur à 2 500 000	60 000
Égal ou supérieur à 2 500 000 et inférieur à 5 000 000	150 000
Égal ou supérieur à 5 000 000 et inférieur à 10 000 000	300 000
Égal ou supérieur à 10 000 000 et inférieur à 20 000 000	500 000
Égal ou supérieur à 20 000 000 et inférieur à 30 000 000	1 000 000
Égal ou supérieur à 30 000 000 et inférieur à 50 000 000	2 000 000

Source : Code général des impôts (CGI).

L'instauration d'un régime d'imposition forfaitaire applicable aux petites et moyennes entreprises ne constitue pas, en soi, un levier optimal pour encourager la formalisation de l'emploi, dans la mesure où la charge fiscale y est principalement fondée sur le chiffre d'affaires plutôt que sur la rentabilité effective des activités. À terme, et à mesure que les capacités de l'administration fiscale camerounaise se renforceront, il serait souhaitable d'envisager une transition vers un régime simplifié fondé sur le bénéfice, mieux à même de refléter la situation économique réelle des entreprises et de soutenir la formalisation, et de conserver un régime forfaitaire pour les micro-entreprises. Dans l'intervalle, des marges de manœuvre existent pour améliorer la conception du régime actuel de l'IGS, afin d'en renforcer l'équité, l'efficacité et son rôle potentiel comme outil d'accompagnement vers la formalisation.

La mise en place bienvenue de l'IGS soulève néanmoins des enjeux de conception. L'IGS conserve tout d'abord un barème de montants d'imposition fixes susceptible de créer des effets de seuils (Mas-Montserrat et al., 2023[1]). Par ailleurs, ce barème unique reposant sur le chiffre d'affaires appliqué à l'ensemble des secteurs est susceptible de créer des iniquités induites par des différences de niveau de profitabilité des unités de production. En effet, à chiffre d'affaires égal, un entrepreneur supportera une charge fiscale d'autant plus forte que son taux de marge est faible et vice versa. Pour cette raison, de nombreux pays appliquent des taux ou montants différenciés par secteur permettant un meilleur alignement de la charge fiscale au niveau de rentabilité des entrepreneurs (Graphique 4.2). Afin d'éviter les effets négatifs associés à une différenciation trop granulaire (manque de lisibilité pour les contribuables, incitations au contournement, gestion administrative alourdie), une bonne pratique, à l'instar du régime d'imposition forfaitaire du Sénégal, consiste à distinguer les activités de services aux activités commerciales. Ces dernières supportent traditionnellement des charges plus importantes que les activités de service, ce qui tend à réduire leur profitabilité. En conséquence, un barème distinct et plus élevé pour les activités de services permettrait de rétablir davantage de justice fiscale, tout en limitant la complexité additionnelle du régime (Mas-Montserrat et al., 2023[1]).

Le différentiel de charge fiscale entre l'IGS et l'impôt sur les sociétés (IS) peut freiner la transition des unités de production vers le régime réel. À titre d'exemple, pour un chiffre d'affaires de 50 millions FCFA correspondant au seuil d'éligibilité à l'IGS, une entreprise reste fiscalement avantagée par l'IGS dès lors que son taux de profit dépasse 15 %, c'est-à-dire qu'elle supporte des coûts inférieurs à 7 millions FCFA, relativement à une situation où elle s'acquitterait de l'IS au taux de 25 % majoré de 10 % au titre des centimes additionnels communaux (CAC). Cette configuration crée un effet de seuil qui peut nuire à la croissance des entreprises et nécessite une réflexion sur l'alignement progressif des régimes afin d'éviter les désincitations à migrer vers le régime réel.

Graphique 4.2. Nombre de groupes d'activités économiques utilisés pour la différenciation sectorielle des régimes d'imposition forfaitaire dans une sélection de pays

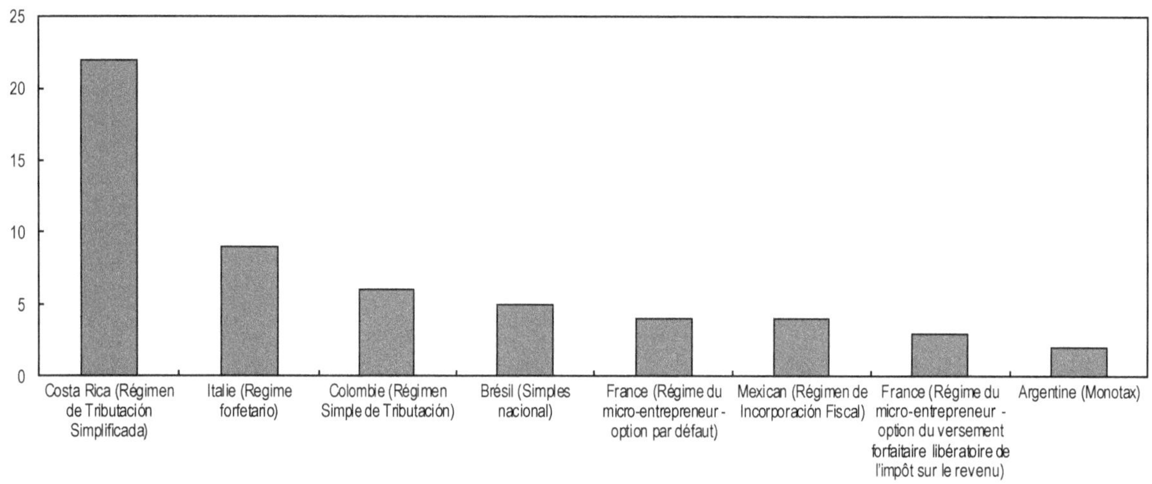

Source : Adapté de Mas-Montserrat, Colin et Brys (2024[2]).

Un dispositif de suivi et d'évaluation réguliers permettrait d'apprécier les effets du régime et d'en ajuster la conception dans le temps. L'analyse devrait notamment explorer les interactions entre l'IGS et les autres régimes fiscaux, et notamment le régime réel, afin d'identifier et de prévenir tout effet de seuil susceptible de freiner la croissance des entreprises ou d'inciter à la sous-déclaration. À mesure que le Ministère des Finances (MINFI) disposera de données plus précises sur les entreprises relevant de l'IGS, le régime pourra être évalué et, le cas échéant, évoluer vers une imposition proportionnelle au chiffre d'affaires plutôt qu'un montant fixe par tranche, afin de réduire les distorsions et renforcer l'équité. Dans cette perspective, la création d'une unité dédiée à l'IGS au sein de la DGI pourrait faciliter le suivi des contribuables, l'exploitation des données, l'évaluation du régime et la coordination avec les autres directions concernées.

Graphique 4.3. Plafond de chiffre d'affaires pour l'éligibilité aux régimes d'imposition forfaitaire

Chiffre d'affaires (exprimé en USD à parité de pouvoir d'achat) maximal pour être éligible à un régime d'imposition simplifié destiné aux personnes physiques dans une sélection de pays africains, 2022

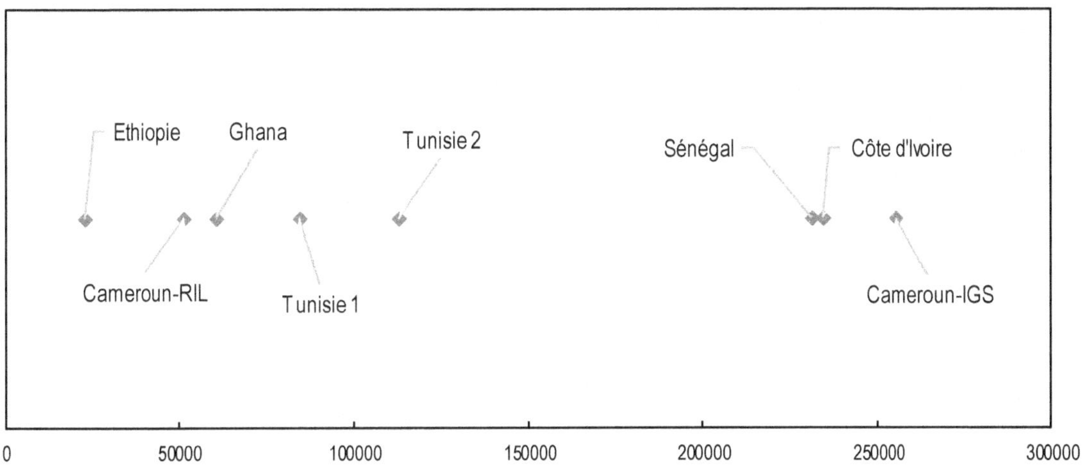

Source : Codes généraux des impôts nationaux. Tunisie 1 fait référence au Régime de l'autoentrepreneur et Tunisie 2 au Régime d'imposition forfaitaire.

Graphique 4.4. Seuil d'éligibilité d'IS, IGS, TVA

Note : Les assiettes diffèrent entre impôts. L'IGS repose sur le chiffre d'affaires, tandis que l'IRPP et l'IS repose sur le revenu. Le taux d'IS est fixé à 25 % pour les entreprises réalisant un chiffre d'affaires égal ou inférieur à 3 Mds FCFA, et à 30 % au-delà de ce seuil de chiffre d'affaires. A ces taux, s'ajoutent les CAC destinés à financer les CTD. Les CAC majorent le taux d'IS de 10 %.
Source : CGI, OCDE.

A moyen-terme, une évolution graduelle de l'architecture des régimes d'imposition des entreprises est à considérer. À mesure que les capacités de l'administration fiscale se renforcent, une révision différenciée des régimes applicables aux petites entreprises pourrait être envisagée, à travers une architecture à deux niveaux, combinant un régime comptable simplifié pour les PME et un régime forfaitaire dédié et réservé aux micro-entreprises. Ce dernier pourrait s'inspirer des expériences telles que celle du *monotributo* observées en Amérique Latine, en intégrant les cotisations de sécurité sociale au sein d'un prélèvement unique. Une telle approche contribuerait à renforcer la cohérence entre fiscalité et protection sociale, à simplifier les obligations déclaratives et de paiement, et à consolider les incitations à la formalisation des travailleurs indépendants.

Références

Mas-Montserrat, M., C. Colin et B. Brys (2024), « The design of presumptive tax regimes in selected countries », *OECD Taxation Working Papers*, n° 69, OECD Publishing, Paris, https://doi.org/10.1787/58b6103c-en. [2]

Mas-Montserrat, M. et al. (2023), « La conception des régimes d'imposition forfaitaire », *Documents de travail de l'OCDE sur la fiscalité*, n° 59, Éditions OCDE, Paris, https://doi.org/10.1787/acd81d56-fr. [1]

Note

[1] L'IGS se substitue au RIL ainsi qu'à sept autres taxes communales : la taxe sur le bétail, la taxe d'hygiène et de salubrité, les droits d'occupation temporaire de la voir publique, les tickets de quai, la taxe sur les spectacles et la taxe de stationnement.

5 Mobiliser davantage de recettes fiscales générales

Les recettes fiscales demeurent limitées

Le taux de pression fiscale connaît une progression lente et demeure limité. Malgré une augmentation depuis leur niveau de 2010 (11,5 % du PIB), les recettes fiscales, cotisations incluses, s'élèvent à 14,5 % du PIB en 2024 selon les données de l'OCDE (OCDE/CUA/ATAF, 2025[1]) et demeurent en-deçà des pays et groupes comparateurs (Graphique 5.1). Cette évolution laisse à ce jour le Cameroun avec un niveau de recettes fiscales insuffisant pour assumer le financement des besoins en protection sociale du pays, sans compromettre le financement des autres secteurs prioritaires. Conscient du besoin de ressources internes, accru dans un contexte d'incertitudes liées notamment à la conjoncture internationale, le Cameroun travaille activement à l'adoption de mesures propices à accroître ses recettes fiscales, les autorités se fixant un objectif annuel plancher de 0,5 point de taux de pression fiscale supplémentaire.

Graphique 5.1. Taux de pression fiscale du Cameroun et d'une sélection de pays comparateurs

Recettes fiscales, cotisations sociales incluses, exprimées en % du PIB, en 2024 (à gauche) et sur la période 2010-24 (à droite)

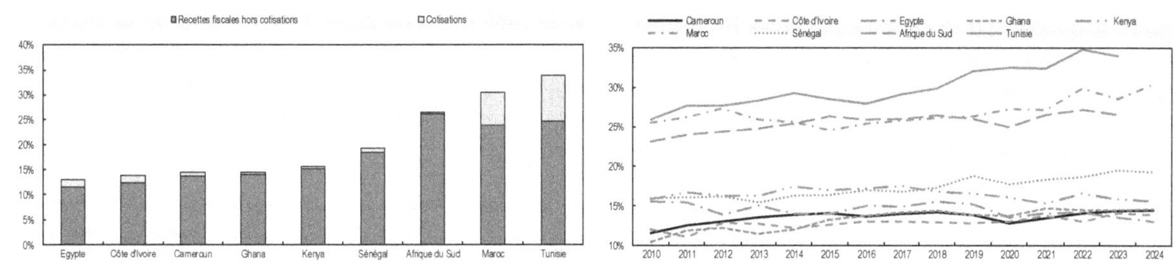

Note : Les données de 2024 n'étant pas disponibles, le taux de pression fiscale de 2023 est utilisé pour l'Afrique du Sud et la Tunisie dans le graphique de gauche.
Source : Base de données mondiale des statistiques des recettes publiques de l'OCDE.

Le Cameroun dispose d'un potentiel significatif de recettes fiscales additionnelles. Les estimations reposant sur des modèles statistiques dits de frontière, estiment sur la base des caractéristiques socio-économiques actuelles, que le Cameroun dispose d'un potentiel de recettes supplémentaires de l'ordre de 7 à 8 points de pourcentage de PIB (OCDE, 2024[2] ; Banque mondiale, 2024[3]), ce qui pourrait, à terme, porter son taux de pression fiscale au-delà des 20 % du PIB (Encadré 5.1).

Encadré 5.1. Évaluation du potentiel de recettes fiscales

Un certain nombre de remarques entourant les estimations du potentiel de recettes fiscales additionnelles basées sur un modèle de frontière sont à prendre en considération :

- Les estimations ne constituent pas un objectif mais un potentiel.
- Les estimations raisonnent à assiettes constantes. Autrement dit, le potentiel lié à la formalisation et à un système fiscal dynamique n'est pas pris en compte et pourrait contribuer à soutenir davantage encore l'accroissement du taux de pression fiscale.
- La recherche de recettes supplémentaires doit être pensée minutieusement. Les mesures fiscales prises en ce sens doivent notamment veiller à ne pas entraver la croissance économique ou nuire aux catégories les plus vulnérables. En effet, pour augmenter significativement les recettes fiscales, l'accroissement des assiettes (et notamment de l'activité économique) reste primordial. L'augmentation du taux de pression fiscale doit aller de pair avec le développement économique, pas à son détriment. Les mesures fiscales doivent donc être considérées de façon dynamique, et veiller en particulier à ne pas freiner la formalisation, voire à l'encourager.
- Une analyse plus fine, réforme par réforme, reposant sur un mix de données macroéconomiques et microéconomiques est nécessaire pour fournir une estimation plus précise du potentiel d'augmentation des recettes.
- Augmenter les recettes fiscales de 3 points de PIB d'ici 2030 pour atteindre les prévisions de la SND 2030, nécessiterait, dans l'hypothèse d'un taux de croissance annuel du PIB de 3 %, une hausse absolue des recettes fiscales de plus de 50 %.
- La réalisation du potentiel doit être appréhendée de manière progressive et s'envisage donc sur des échéances à différents horizons.

Source : OCDE.

La mobilisation accrue des recettes fiscales est d'autant plus importante que l'évolution des autres ressources est incertaine. Les recettes non fiscales, ont connu une tendance baissière, passant de 4,1 % du PIB en 2010 à 2,7 % en 2021, malgré un rebond en 2022. Cette baisse s'explique notamment par l'évolution des recettes issues des redevances pétrolières qui représentent environ les deux tiers des recettes non fiscales. Or, les projections réalisées par le MINEPAT dans le cadre de la SND 2030 tablent sur la poursuite de cette baisse, tirée notamment par la baisse de la production des gisements existants (Graphique 5.2). En outre, si les dons sont restés relativement stables oscillant autour d'une valeur moyenne de 0,3 % du PIB sur la période, les incertitudes liées à la conjoncture internationale pourraient peser sur l'évolution des financements extérieurs dans les années à venir[1]. De façon plus large, les flux d'aide publique au développement (APD) reçus par le Cameroun ont cru sur la période, passant de 2,4 % du PIB en 2010 pour atteindre un pic de 3,7 % en 2020. Néanmoins, ces flux sont en déclin depuis et s'élèvent à 2,3 % du PIB en 2023 selon les statistiques de l'OCDE. Plus spécifiquement, les flux d'APD dédiés à la santé ont plus que doublé (3 % du PIB en 2023) et ceux dédiés à la protection sociale, encore modestes (40 M USD) ont été multipliés par huit entre 2010 et 2021. Néanmoins, là encore la prudence est de mise. La conjoncture de la politique et de la coopération internationales pourrait notamment avoir des effets néfastes sur les financements reçus par le Cameroun, notamment dans le domaine la santé. Ce contexte renforce la nécessité de mobiliser davantage de recettes fiscales pour mieux financer l'action publique et combler progressivement les déficits de financement de la protection sociale de façon pérenne.

Graphique 5.2. Évolution des recettes non fiscales

Recettes non fiscales (réelles), recettes pétrolières (projetées) et dons (projetés), exprimés en % du PIB

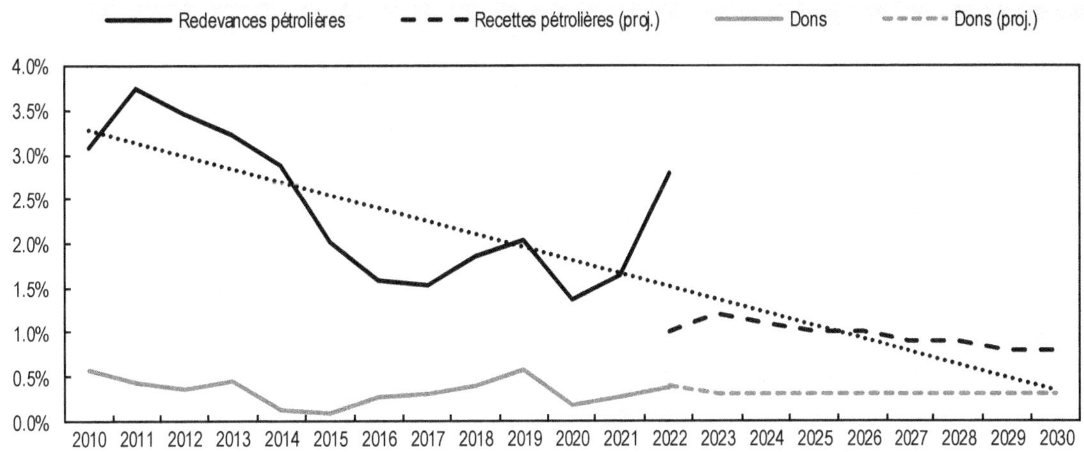

Note : Les recettes non fiscales sont issues des Statistique des recettes publiques en Afrique 2024 de l'OCDE. Les dons et recettes non pétrolières sont des projections provenant de la SND 2030 (MINEPAT, 2020[4]).

La composition des recettes fiscales traduit une prédominance de la fiscalité indirecte. En effet, près de 60 % des recettes sont issues des taxes indirectes (dont 55 % pour la seule TVA et 40 % pour les droits d'accise et de douanes) sur la période 2010-22 (Graphique 5.3). Parmi les pays comparateurs, seul le Sénégal avec 61 % en 2022 fait plus, tandis que cette part est inférieure à 40 % en 2022 pour l'Afrique du Sud et la Tunisie (Graphique 5.4). La fiscalité directe ne représente ainsi que 32 % des recettes fiscales totales, soit l'une des parts les plus faibles parmi les pays africains comparables économiquement. En 2022, les recettes liées à l'IRPP s'élevaient à 0,9 % du PIB, 2,4 % pour l'IS et 1,2 % pour les cotisations sociales en incluant les taxes sur les salaires et la main d'œuvre payées par les entreprises.

Graphique 5.3. Évolution de la composition des recettes fiscales

Recettes fiscales exprimées en % du PIB, sur la période 2010-22

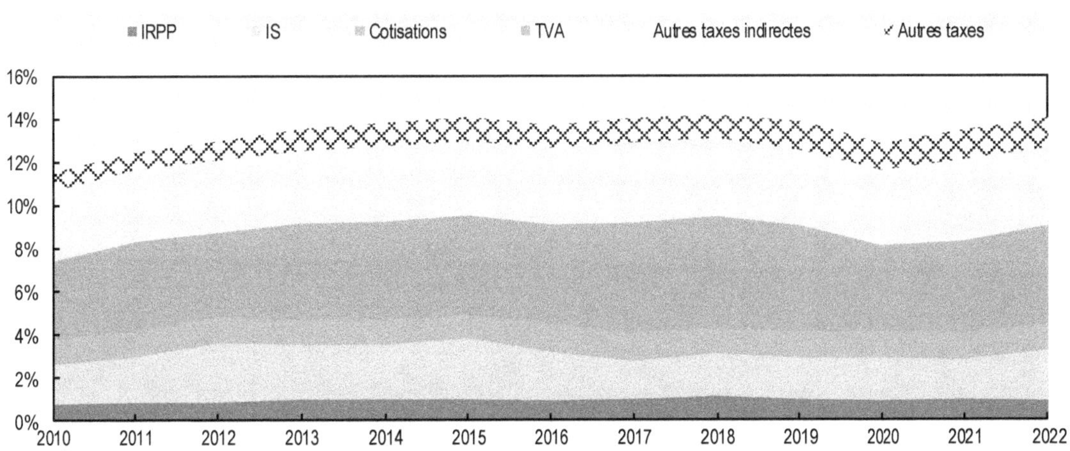

Note : Les cotisations incluent ici les taxes sur les salaires et la main d'œuvre payées par les entreprises.
Source : Base de données mondiale des statistiques des recettes publiques de l'OCDE.

Graphique 5.4. Composition des recettes fiscales

Recettes fiscales exprimées en % du PIB, 2022

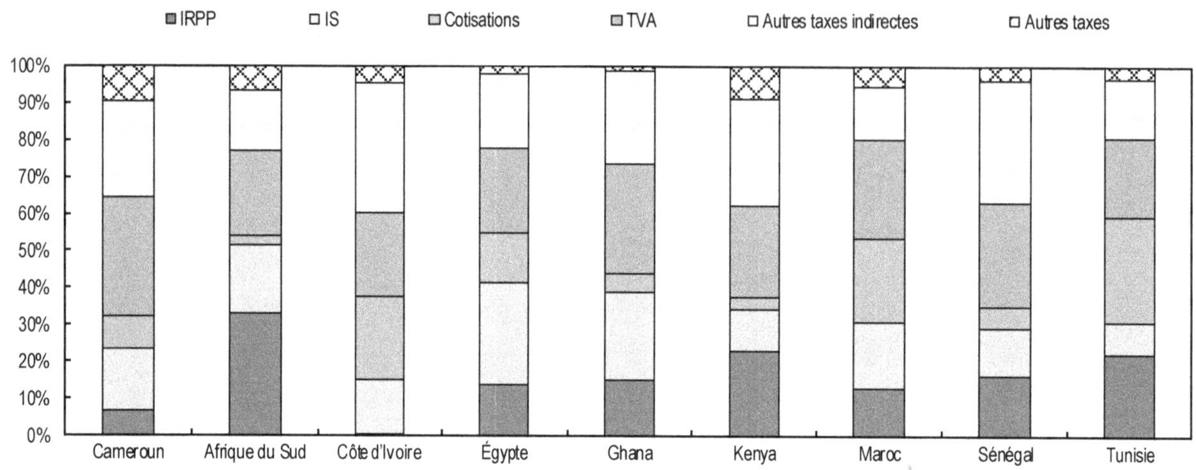

Note : Les cotisations incluent ici les taxes sur les salaires et la main d'œuvre payées par les entreprises.
Source : Base de données mondiale des statistiques des recettes publiques de l'OCDE.

Le Cameroun fait face à un besoin de recettes accrues

Le dynamisme du système fiscal est à consolider

Le Cameroun a enregistré un certain dynamisme fiscal sur les deux dernières décennies. Le dynamisme fiscal mesure la sensibilité des recettes fiscales aux variations de l'activité économique. Le dynamisme fiscal est une mesure brute, qui capte conjointement la relation structurelle entre la croissance économique et les recettes, mais aussi les effets des changements discrétionnaires de politique fiscale. L'indice de dynamisme fiscal mesure donc leur effet combiné. L'estimation de cet indice au Cameroun suggère que sur la période 2010-22, chaque variation positive du PIB d'un 1 % s'est en moyenne accompagnée d'une augmentation d'1,29 % des recettes fiscales, résultant en un accroissement du taux de pression fiscale. Ceci témoigne d'un certain dynamisme du système fiscal du Cameroun sur la période considérée, relativement marqué vis-à-vis des pays comparateurs (Graphique 5.5).

Graphique 5.5. Dynamisme fiscal au Cameroun et pays comparateurs

Rapport des taux de croissance annuels moyens des recettes fiscales et du PIB, sur la période 2010-2022

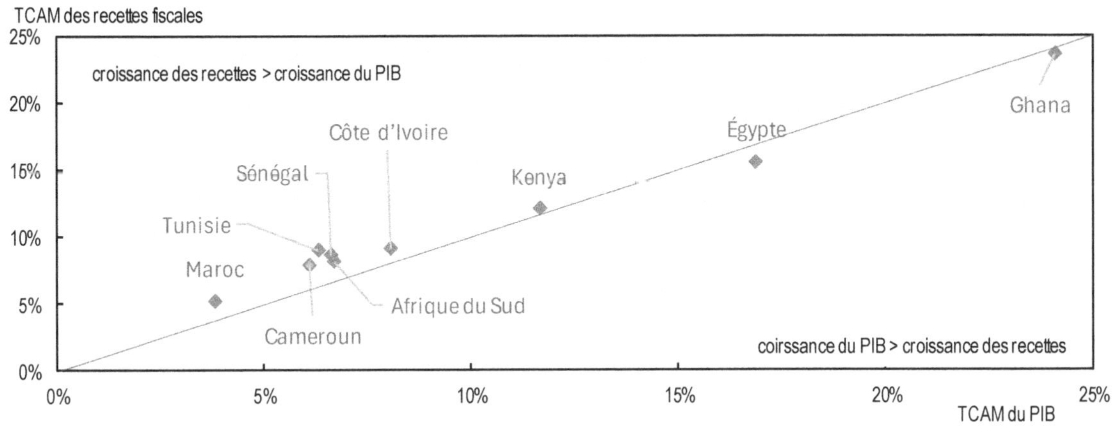

Note : Les recettes fiscales incluent les cotisations de sécurité sociale. Le dynamisme fiscal est mesuré comme le rapport entre le taux de croissance annuel des recettes fiscales et celui du PIB, sur la période 2010-2022.
Source : Base de données mondiale des statistiques des recettes publiques de l'OCDE, World Development Indicators.

Toutefois, ce dynamisme reste insuffisant pour rattraper les niveaux de pression fiscale des pays comparateurs et pourrait ralentir à l'avenir sans réformes adaptées. Le dynamisme des recettes reflète aussi la faiblesse initiale du taux de pression fiscale du Cameroun, qui, en dépit d'un certain dynamisme fiscal, peine à rattraper celui des pays aspirationnels. En outre, sur longue période, l'indice de dynamisme décrit une tendance baissière (Graphique 5.6), qui laisse craindre un ralentissement de l'accroissement du taux de pression fiscale. En effet, sur la base d'un taux de croissance annuel du PIB de 3,6 % (correspondant à celui de la période 2017-22, année 2020 exclue) et d'un indice de dynamisme fiscal de 1,3 (correspondant à la moyenne des indices annuels sur la période 2017-22, année 2020 exclue), alors il faudrait plus de 34 années au Cameroun pour atteindre un taux de pression fiscal de 20 %[2]. L'adoption de mesures fiscales visant à soutenir une croissance de nature à dynamiser le système fiscal est donc cruciale pour que le Cameroun parvienne à s'inscrire dans une trajectoire de mobilisation accrue des recettes fiscales. Ces mesures devront stimuler le développement de l'activité économique, dont la croissance reste modeste au regard des ambitions de la SND 2030, articulées notamment autour de dispositifs d'incitation à l'investissement privé et de mesures de soutien aux PME.

Graphique 5.6. Évolution du dynamisme fiscal au Cameroun

Rapport des taux de croissance annuels moyens des recettes fiscales et du PIB, par périodes de 5 ans glissants entre 2000 et 2022

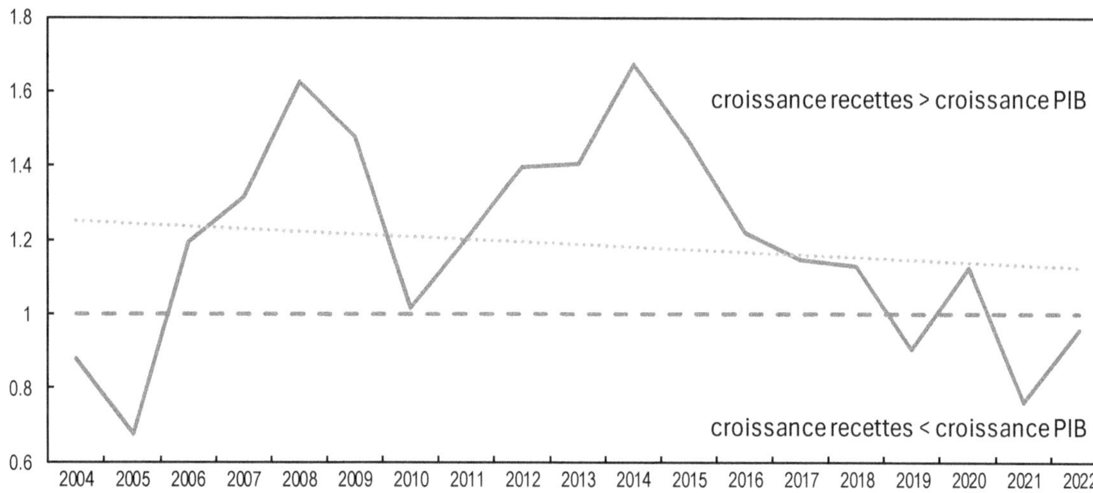

Note : Les recettes fiscales incluent les cotisations de sécurité sociale. Le dynamisme fiscal est mesuré comme le rapport entre le taux de croissance annuel moyen des recettes fiscales et celui du PIB sur périodes de 5 ans glissantes. Ainsi la valeur de 2004 représente le dynamisme fiscal du Cameroun sur la période 2000-2004. La chute significative des recettes fiscales durant la pandémie de la covid en 2020 crée des valeurs extrêmes dans le calcul de l'indice de dynamisme. Pour pallier ceci, la valeur réelle de 2020 des recettes fiscales, ainsi que celle du PIB, ont été remplacées par leur valeur intrapolée à partir des valeurs réelles de 2019 et 2021.
Source : OCDE.

Graphique 5.7. Dynamisme fiscal par impôt au Cameroun

Rapport des taux de croissance annuels moyens des recettes fiscales par type d'impôt et du PIB, sur la période 2010-2022

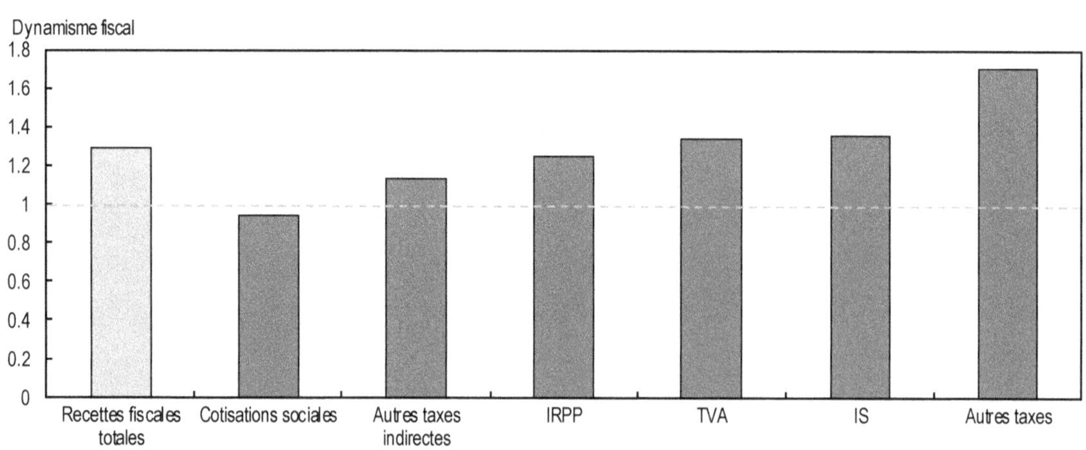

Note : Les recettes fiscales totales incluent les cotisations de sécurité sociale. Le dynamisme fiscal est mesuré comme le rapport entre le taux de croissance annuel des recettes fiscales et celui du PIB, sur la période 2010-2022. Au sein de la catégorie des autres taxes, les taxes sur salaire montrent notamment un dynamisme soutenu, avec un indice de 1,92 sur la période.
Source : Base de données mondiale des statistiques des recettes publiques de l'OCDE.

La mise en place de mesures de politique fiscale devra soutenir l'effort de mobilisation de recettes

L'analyse réalisée dans le rapport OCDE (2024[2]) **mène un examen détaillé par impôt qui révèle notamment la productivité limitée.** En outre, le rapport propose et développe un certain nombre de pistes de réflexion destinées à réviser les principaux impôts afin notamment d'élargir l'assiette et d'améliorer l'efficacité du système.

Les recettes issues de l'IRPP demeurent très faibles au Cameroun. Elles représentent moins de 1 % du PIB en 2022, un niveau nettement inférieur à celui observé dans de nombreux pays africains comparables (Graphique 5.8). Ces faibles recettes s'expliquent tout d'abord par la prévalence du travail informel. Par ailleurs, l'abattement forfaitaire de 500 000 FCFA entraîne un manque à gagner important, évalué en 2021 à 99 Mds FCFA selon les estimations de Wen, Gendron et Godbout (2022[5]), soit près de 42 % des recettes d'IRPP (238 Mds FCFA). Le niveau de l'abattement forfaitaire (proche du SMIG : 527 628 FCFA) se situe néanmoins à un niveau courant pour des pays où l'informalité est élevée. Par ailleurs, la réforme de 2003 a réduit le nombre de tranches du barème de onze à quatre résultant en une simplification de l'IRPP mais contribuant également significativement à l'affaiblissement de la progressivité de cet impôt, divisant par deux la capacité redistributive de l'IRPP (Mcnabb et Oppel, 2023[6]).

Graphique 5.8. Recettes d'IRPP

Exprimées en % du PIB, en 2022

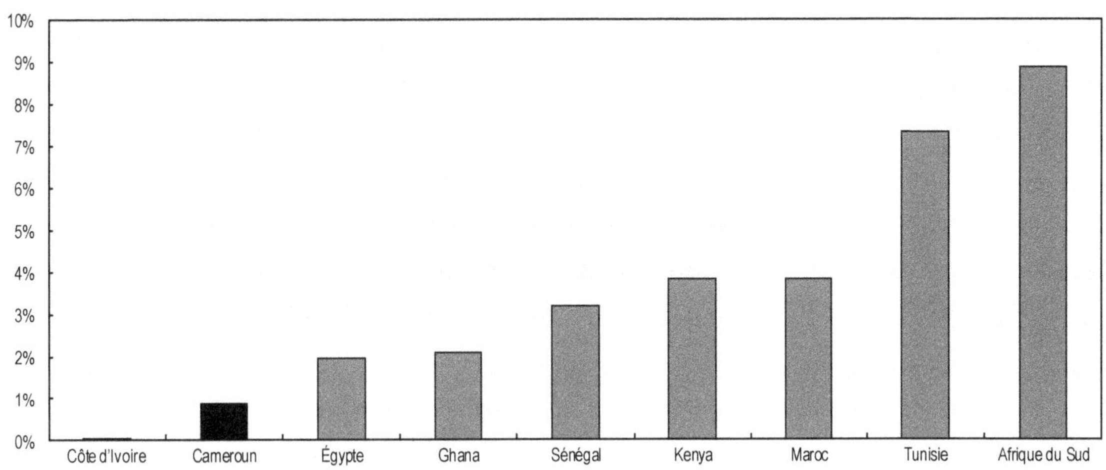

Source : Base de données mondiale des statistiques des recettes publiques de l'OCDE.

La productivité de l'IS demeure limitée. Malgré un taux nominal de 30 % (abaissé en 2015 depuis un niveau de 35 % dans le but de stimuler la formalisation), les recettes d'IS ne représentaient que 2,4 % du PIB en 2022 (Graphique 5.9), un niveau faible qui s'explique par la forte prévalence de l'informalité, mais également par la persistance de nombreuses exonérations et incitations fiscales.

Graphique 5.9. Recettes d'IS au Cameroun et dans une sélection de pays comparateurs

Exprimées en % du PIB, en 2022

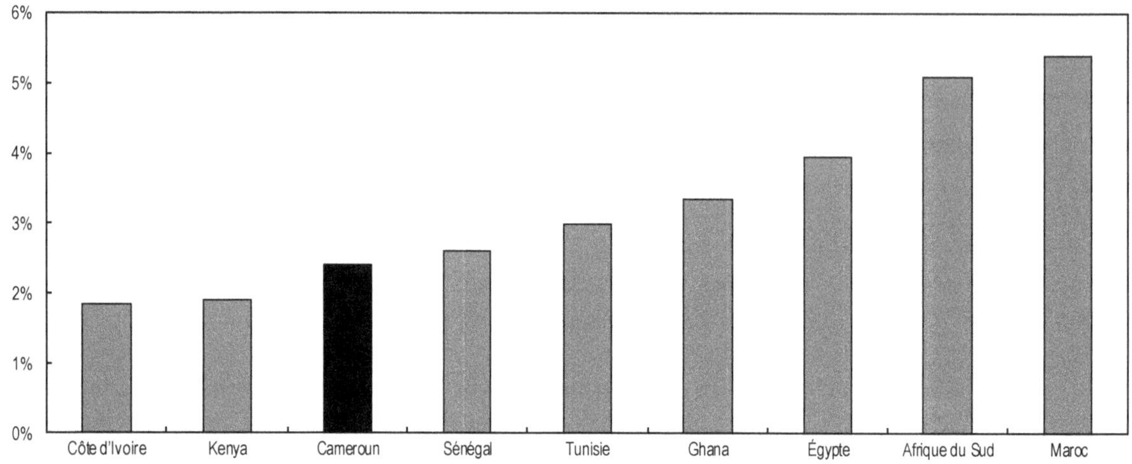

Source : Base de données mondiale des statistiques des recettes publiques de l'OCDE.

L'efficacité de la TVA reste limitée, en dépit de son poids important dans les recettes fiscales. Représentant environ un tiers des recettes fiscales, le rendement réduit de la TVA s'explique notamment par l'ampleur des dépenses fiscales associées à la TVA qui réduisent son assiette (voir discussion sur les dépenses fiscales infra), et par le poids du secteur informel. Le ratio entre les recettes effectivement collectées et les recettes potentielles, donnant une idée de l'écart fiscal, est ainsi estimé à seulement 26 % (OCDE, 2024[2]). Plusieurs pistes de réforme pourraient être envisagées afin d'améliorer l'efficience et l'équité de cet impôt, telles que la suppression progressive des exonérations bénéficiant marginalement aux plus pauvres, la restauration de la TVA le long des chaînes de production et l'introduction de taux réduits pour les biens de première nécessité pour faciliter la transition.

Les recettes issues des taxes récurrentes sur les biens immobiliers au Cameroun demeurent très faibles. Elles représentaient moins de 0,01 % de PIB en 2022, soit un niveau nettement inférieur à celui observé dans plusieurs pays comparateurs et aspirationnels tels que la Côte d'Ivoire (0,33 % du PIB), le Maroc (0,69 %) ou l'Afrique du Sud (0,91 %). Cette faiblesse s'explique principalement par une base fiscale restreinte et un taux d'imposition très bas (0,1 %). Les taxes foncières sont généralement considérées comme peu sujettes à la fraude, source de faibles distorsions et progressives. Pour réaliser progressivement le potentiel de recettes associé, le Cameroun pourra envisager la modernisation du cadastre et la révision progressive du taux de la taxe foncière en envisageant un barème progressif. La priorisation des propriétés relativement plus cossues, où résident les ménages aisés, l'exclusion des ménages les plus modestes, et le développement des services publics contribueront à relever le défi important de l'acceptabilité sociale de la réforme.

Les efforts entrepris par le Cameroun en matière d'administration fiscale, ainsi que les nombreuses mesures de politique fiscale formulées dans le projet de loi de finances 2026 témoignent de la volonté des autorités de tenir leurs objectifs en matière de mobilisation de recettes fiscales. Ces mesures portent sur un grand nombre d'impôts. Elles couvrent notamment l'IS (par exemple l'imposition des entreprises du secteur numérique), l'IGS (renforcement des obligations déclaratives), l'IRPP (élargissement de la retenue à la source), la TVA (fin d'exonération des prêts immobiliers et des ventes de logements sociaux), les droits d'accise (revalorisation des droits d'accise spécifiques sur les alcools) ou encore diverses taxes environnementales. Elles ont pour vocation d'élargir l'assiette fiscale et soutenir l'investissement, ou encore à promouvoir l'emploi jeune.

La rationalisation des dépenses fiscales recèle un potentiel de recettes et de simplification significatif

Une analyse approfondie des dépenses fiscales en vue de leur rationalisation apparaît opportune. Le Cameroun publie régulièrement l'évaluation de ces dépenses fiscales de façon publique. Le Cameroun compte 465 dérogations au système fiscal de référence (DGI, 2022[7]) et se classe parmi les pays en comptant le plus. Cette profusion de dispositifs dérogatoires complexifie le système fiscal. Cela nuit d'une part à sa lisibilité et à la conformité des contribuables. D'autre part, cela alourdit la gestion et requiert des capacités accrues de l'administration fiscale. Enfin, le nombre élevé de dérogations contribue à un niveau global de dépenses fiscales significatif. Si l'évaluation des dépenses fiscales d'un pays et leur comparaison avec les pairs est un exercice délicat car les systèmes fiscaux de référence et les mesures d'incitations fiscales diffèrent, les estimations réalisées au Cameroun suggèrent néanmoins un niveau de dépenses fiscales significatif, mais moins important que chez certains pays comparateurs (Graphique 5.10). Cela traduit le travail de rationalisation des dépenses fiscales entrepris, faisant chuter les pertes fiscales associées de 1,9 % du PIB en 2017 à 1,5 % en 2023.

Graphique 5.10. Recettes fiscales non perçues du fait des dépenses fiscales

Dernière année disponible

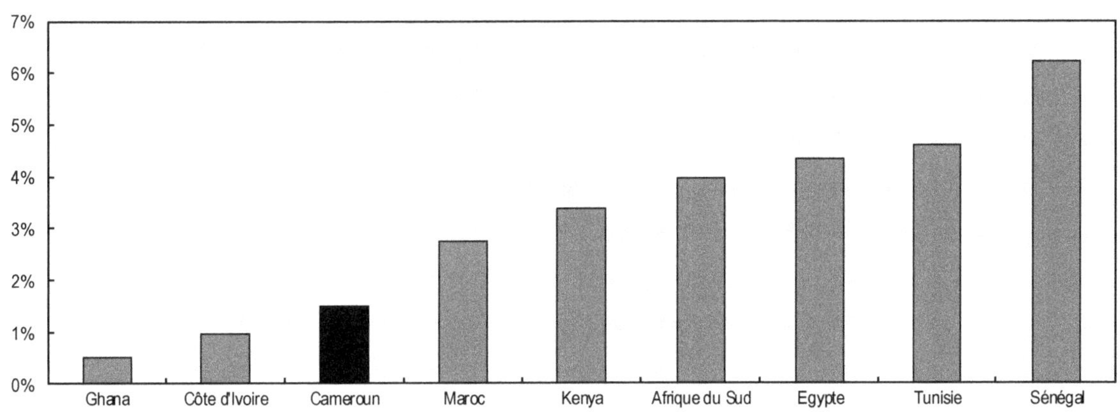

Note : La dernière année disponible est utilisée pour chaque pays : 2024 pour le Ghana et la Côte d'Ivoire, 2023 pour le Cameroun, le Kenya et l'Égypte, 2022 pour le Maroc, l'Afrique du Sud et la Tunisie, et 2021 pour le Sénégal.
Source : GTED.

Les dépenses fiscales se concentrent sur les taxes indirectes (TVA, droits de douane, droits d'accise). Elles représentent environ de 90 % de la valeur des dépenses fiscales estimées (Tableau 5.1). Dans l'exercice d'évaluation des dépenses fiscales de 2023, 359 des 465 (77 %) mesures dérogatoires recensées concernent la TVA. La TVA concentre par ailleurs près de 40 % des pertes de recettes liées aux dépenses fiscales, malgré une baisse substantielle amorcée depuis 2019 (68 %), liée notamment à des ajustements méthodologiques et de périmètre de l'évaluation. En 2023, les dépenses fiscales de TVA sont évaluées à 0,5 % du PIB, ce qui paraît très faible compte tenu de l'importance du nombre de biens exonérés de TVA (30 % des biens recensés). En pratique, l'évaluation des dépenses fiscales de TVA requiert l'utilisation des comptes nationaux pour analyser les interconnections entre secteurs. En outre, le secteur de l'agriculture (incluant l'élevage et la pêche) bénéficie de 195 mesures dérogatoires, soit 42 % des mesures recensées. Enfin, enfin un tiers des mesures recensées ont un caractère social – facilitant par exemple l'accès des ménages aux biens de première nécessité, à la santé, à l'éducation, au logement social ou encore soutenant le développement de l'économie verte –, les 313 autres étant des mesures économiques (Graphique 5.11). Ces éléments alertent sur la complexité de la rationalisation des dépenses fiscales, exercice visant à prioriser la suppression ou révision des dispositions peu efficaces sur le plan économique ou social.

Tableau 5.1. Composition des dépenses fiscales

	2019		2020		2021		2022		2023	
	% des dépenses fiscales	% PIB	% des dépenses fiscales	% PIB	% des dépenses fiscales	% PIB	% des dépenses fiscales	% PIB	% des dépenses fiscales	% PIB
TVA	68,3 %	1,7 %	57,5 %	1,1 %	37,6 %	0,7 %	51,9 %	0,9 %	39,5 %	0,6 %
Droits de douane à l'importation	25,2 %	0,6 %	31,8 %	0,6 %	44,4 %	0,8 %	30,1 %	0,5 %	33,9 %	0,5 %
Droits d'accise	2,9 %	0,1 %	4,7 %	0,1 %	8,7 %	0,2 %	6,3 %	0,1 %	15,9 %	0,2 %
IS	2,8 %	0,1 %	3,6 %	0,1 %	7,7 %	0,1 %	7,1 %	0,1 %	5,9 %	0,1 %
IRPP	0,3 %	0,0 %	1,3 %	0,0 %	0,6 %	0,0 %	3,5 %	0,1 %	3,8 %	0,1 %
Droits d'enregistrement	0,4 %	0,0 %	1,1 %	0,0 %	1,1 %	0,0 %	1,3 %	0,0 %	1,0 %	0,0 %
Total	100%	2,5 %	100%	1,9 %	100%	1,7 %	100%	1,8 %	100%	1,5 %

Source : DGI (2024[8]), DGI (2022[7]).

Graphique 5.11. Objectifs des dépenses fiscales

Répartition par objectif des 465 mesures dérogatoires recensées par la DGI en 2022

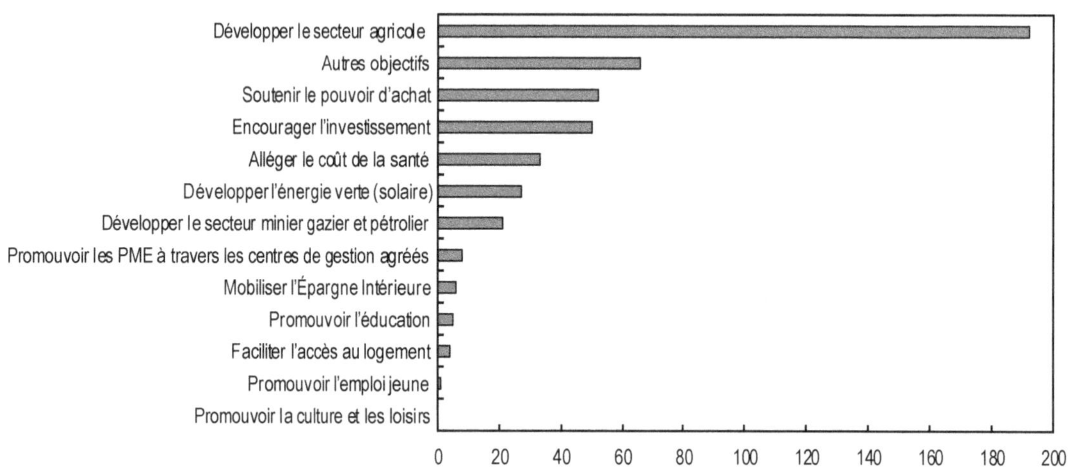

Source : DGI (2024[8]).

L'analyse de la TVA menée par la DGI (2024[8]) **révèle une certaine progressivité de la TVA et interroge la pertinence des dépenses fiscales associées.** Le rapport de la part relative de la contribution des ménages d'un quintile de revenu donné aux recettes de TVA et leur part dans les dépenses de consommation, tend à augmenter avec le niveau de revenu des quintiles (Graphique 5.12). Une analyse approfondie permettrait d'étudier quelle est la contribution réelle des exonérations de TVA à sa progressivité observée. Pour cela, il conviendrait de connaître la consommation réalisée par chaque quintile dans le secteur formel d'une part et dans le secteur informel d'autre part, et de pouvoir estimer la TVA implicite contenue dans le prix des biens consommés dans le secteur informel. Par ailleurs, si les ménages du quintile de revenu inférieur consomment davantage de biens exonérés (44 % de leur consommation totale) que ceux du quintile supérieur (38 %), le volume de consommation des ménages aisés étant nettement supérieur, c'est à ces ménages-là que les exonérations de TVA bénéficient le plus en valeur absolue. Ceci est d'autant plus vrai que les ménages modestes ont généralement une plus grande propension à consommer dans les commerces informels (où les produits échappent partiellement à la TVA) que les ménages aisés (Bachas, Gadenne et Jensen, 2023[9]). Or, la raison d'être de ces exonérations est de soutenir le niveau de vie des ménages modestes, excluant idéalement les ménages plus aisés du bénéfice de ces exonérations. Ce n'est clairement pas le cas, l'effort fiscal – défini ici comme le rapport des recettes de TVA et des dépenses de consommation d'un quintile donné – du quintile supérieur se limitant à 9,7 % (Graphique 5.12), soit environ la moitié de la valeur du taux de TVA normal, qui prévaudrait si les ménages du quintile supérieur ne bénéficiaient d'aucune exonération.

Les dépenses fiscales de TVA bénéficient largement aux ménages relativement plus aisés du fait notamment du grand nombre et d'un faible ciblage des produits exonérés. En effet, près de 30 % des 418 biens et services constituant le panier de consommation finale des ménages bénéficient d'exonérations. Par exemple, près de la moitié des dépenses fiscales liée à la viande de bœuf bénéficie au quintile supérieur (DGI, 2024[8]), produit à l'origine de plus de 10 % des dépenses fiscales de TVA bénéficiant aux ménages. Une réflexion pourrait ainsi être menée en vue d'une potentielle rationalisation de la liste des biens exonérés de TVA dans le but de rendre ces exonérations plus équitables, moins coûteuses pour les finances publiques et offrir au Cameroun davantage de latitude à mener une politique de dépenses progressive. Une telle réforme devrait naturellement être entreprise avec précaution : sous l'hypothèse d'une répercussion intégrale sur les prix, la suppression des exonérations généralisées entraînerait une hausse estimée de 8,3 % du prix du panier de consommation des 20 % les plus pauvres, aggravant ainsi leur précarité (DGI, 2024[8]). Afin de faciliter l'acceptabilité et l'équité de ces mesures, le Cameroun pourrait substituer progressivement des mécanismes de soutien direct (ou subventions ciblées) aux actuels dispositifs universels. En d'autres termes, le développement de l'assistance sociale à travers des transferts monétaires faciliterait la réforme des exonérations de TVA.

Le niveau relativement bas des dépenses fiscales associées à l'IS interroge sur l'exhaustivité de leur évaluation. Sur la base des seules 35 dépenses fiscales d'IS évaluées, le manque à gagner en termes de recettes est estimé à 34 milliards de FCFA, soit environ 9 % des recettes totales d'IS. Le faible niveau des dépenses fiscales liées à l'IS peut refléter une couverture incomplète de l'évaluation des mesures d'incitations fiscales dans ce domaine. En effet, la mesure des dépenses fiscales relatives à l'IS nécessite de reposer sur les déclarations fiscales des entreprises et leur analyse minutieuse, ce qui conduit régulièrement les pays à revenu intermédiaire à limiter l'évaluation de ces dépenses fiscales, contribuant alors à renforcer le poids relatif des dépenses fiscales liées à la fiscalité indirecte.

Graphique 5.12. Progressivité de la TVA

Indice de progressivité de la TVA et effort fiscal par quintile, en 2023

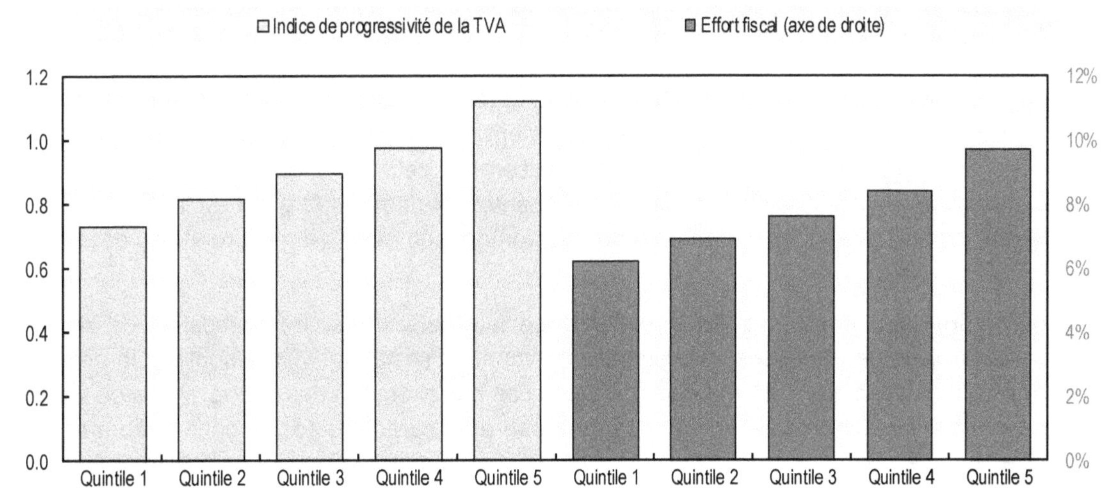

Note : L'effort fiscal est mesuré comme rapport des recettes de TVA et de dépenses de consommation des ménages pour chaque quintile. L'effort fiscal varie entre 0 % (lorsque la consommation marchande d'un quintile est entièrement exonérée) et 19,25 % (lorsque la consommation d'un quintile est entièrement soumise au taux normal de TVA de 19,25 %). Les dépenses de consommation sont issues de l'enquête ECAM5, mais ne discernent pas la consommation de biens effectué dans le secteur formel et informel, ce qui constitue une limite à l'analyse, la part de la consommation issue du secteur informel des quintiles inférieurs étant vraisemblablement plus importante que dans les quintiles supérieurs. L'indice de progressivité représente le rapport entre la part relative de chaque quintile dans sa contribution aux recettes de TVA et dans la dépense de consommation totale.
Source : Adapté de DGI (2024[8]).

L'analyse des incitations fiscales relatives à l'IS, notamment celle de la zone franche, souligne à la fois une sous-performance économique et un besoin d'évaluation rigoureuse de leur efficacité. Par ailleurs, l'analyse entreprise par la DGI (2024[8]) des entreprises sous le régime de zone franche révèle des résultats significativement inférieurs aux objectifs annoncés, tant en matière de chiffre d'affaires, d'investissement, de création d'emplois que d'exportations. Toutefois, il demeure difficile de déterminer si cette sous-performance résulte d'une inefficacité intrinsèque du régime ou d'un comportement stratégique des entreprises, tel qu'une surévaluation initiale des objectifs ou une sous-déclaration *a posteriori* des réalisations. Cette incertitude est accentuée par les limites méthodologiques de l'évaluation – analyse contrefactuelle incluse –, qui ne permet pas de tirer des conclusions robustes sur l'efficacité du dispositif et souligne la nécessité d'une démarche plus rigoureuse pour l'obtention de résultats crédibles à même de guider l'action publique de façon adéquate. Dans ce contexte, le rapport OCDE (2024[2]) offre plusieurs pistes de réforme relatives aux incitations fiscales portant sur l'IS : leur évaluation systématique et approfondie de l'efficacité des incitations fiscales en vue de supprimer celles qui s'avèrent inefficaces ou redondantes, la substitution des exonérations basées sur les profits par des incitations reposant sur les coûts, la révision du régime de la Zone Franche Camerounaise (qui accorde une exonération totale d'IS pendant 10 ans suivie d'un taux réduit de 15 %, avec des implications potentielles en lien avec les règles du Pilier 2 de l'OCDE).

Le chantier de rationalisation des dépenses fiscales engagé est opportun. Une révision des mesures d'incitations fiscales est envisagée afin de réduire le nombre de dépenses fiscales, dont certaines sont jugées inefficaces, mal ciblées ou sources de distorsions de concurrence. Cette réforme apparaît bienvenue pour élargir l'espace budgétaire, renforcer l'efficacité et l'équité du système fiscal, et simplifier son administration. La révision des incitations à l'investissement actée par l'ordonnance du 18 juillet 2025 constitue ainsi un jalon opportun dans cette démarche à poursuivre. Celle-ci accorde ainsi des avantages au titre de la fiscalité de porte mais aussi de fiscalité interne, sous la forme d'exonérations diverses et de crédits d'impôt variant selon la nature des investissements réalisés (montants, phase d'exploitation vs d'extension, implantation dans une zone économique). En outre, celle-ci définit une liste de secteurs stratégiques prioritaires auxquels s'appliquent les avantages prévus par l'ordonnance, parmi lesquels l'agriculture, l'industrie lourde, l'énergie, l'éducation, la santé, le tourisme, et en exclut d'autres de son champ tels que les secteurs pétrolier, minier, gazier, du commerce et de la distribution. Enfin, selon qu'il s'agisse d'un nouveau projet ou d'un projet d'extension, l'octroi des avantages fiscaux est conditionné à des critères économiques et sociaux tels que la création d'emplois, le recours aux intrants locaux, l'augmentation de la valeur ajoutée, le développement des exportations ou encore le transfert de compétences. En regroupant les incitations à l'investissement, cette ordonnance favorise la cohérence et la lisibilité des dispositions fiscales pour les investisseurs. Elle contribue enfin à clarifier les conditions d'éligibilité aux incitations et à les subordonner à une contribution effective des projets au développement de l'économie nationale.

La rationalisation des dépenses fiscales fait face à divers défis. En particulier, de nombreuses dérogations à l'origine de dépenses fiscales ont une vocation sociale et vise à soutenir le niveau de vie des ménages (voir Graphique 5.11 et supra). C'est le cas par exemple, des exonérations de TVA sur les produits de première nécessité. La prévalence de mesures à caractère social, conjuguée à un contexte inflationniste et à une succession de chocs économiques, rend toute tentative de réforme particulièrement sensible, compte-tenu des résistances populaires qu'elle est susceptible d'engendrer. Le plan devrait ainsi prioriser les dérogations sans caractère social.

Les taxes sur les produits néfastes à la santé possèdent un potentiel de recettes et d'amélioration sanitaire

Les taxes sur les produits néfastes à la santé présentent un potentiel à renforcer. Au-delà de la mobilisation des recettes, les taxes sur les produits néfastes à la santé contribuent directement à la protection sociale, en ce que le renchérissement du prix des biens sur lesquels elles sont assises est de nature à induire des changements comportementaux en termes de consommation et de production propices à réduire les dépenses de santé. Ces taxes ont ainsi un lien important avec la protection sociale, que de nombreux pays renforcent en affectant tout ou partie des recettes à la santé. Malgré des réformes durant les dernières années, la taxation des produits néfastes à la santé possède des marges d'amélioration et de renforcement. Les droits d'accise sur le tabac génèrent des recettes inférieures à 0,01 % du PIB en 2022, contre 0,14 % du PIB en Afrique subsaharienne, et nettement en deçà des meilleures performances des pays à revenu faible et intermédiaire (Graphique 5.13). Avec 8 litres d'alcool pur par an et par personne de plus de 15 ans en 2022, la consommation d'alcool au Cameroun est importante, le pays se classant parmi les plus grands consommateurs au sein des pays à revenu faible et intermédiaire selon les données de l'OMS. En 2022, les droits d'accises sur les boissons alcoolisées représentaient 90 % des recettes des droits d'accises totaux et rapportaient des recettes significatives, de l'ordre 0,9 % du PIB.

Graphique 5.13. Recettes de droits d'accise sur le tabac

Exprimés en % du PIB, 2022 ou dernière année disponible

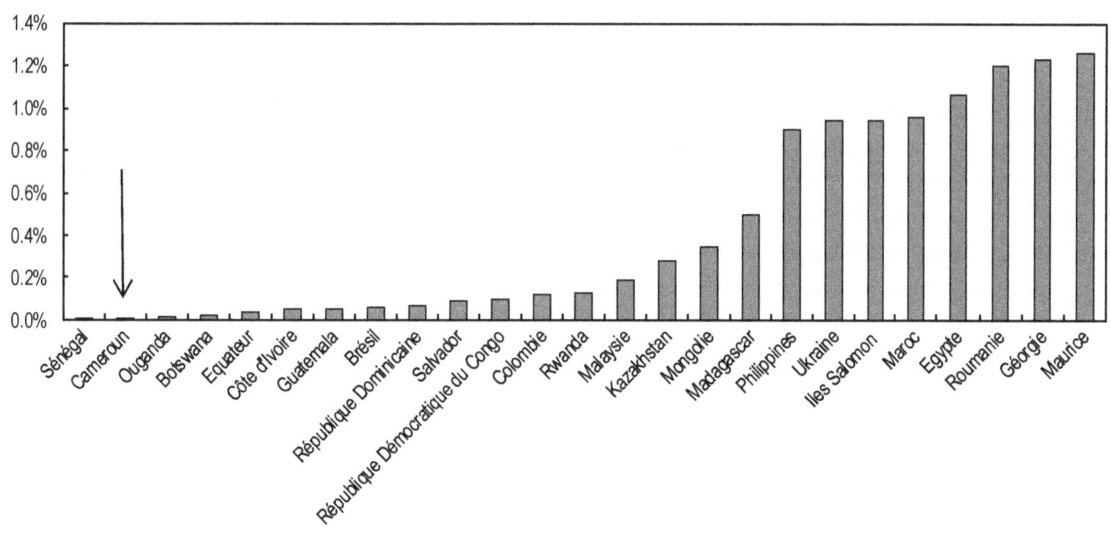

Source : Base de données mondiale des statistiques des recettes publiques de l'OCDE.

À court terme, plusieurs mesures pourraient être mises en œuvre pour renforcer l'efficacité de la fiscalité du tabac. Les produits du tabac, qu'ils soient importés ou produits localement, devraient être soumis au même montant minimum d'imposition. Le montant minimum d'imposition sur le tabac importé pourrait être augmenté significativement et indexé à l'inflation et à la croissance des revenus, afin d'éviter une baisse progressive du prix relatif du tabac. Au niveau régional, une révision de l'article 7 de la directive

03/19-UEAC-10A-CM-33 pourrait être envisagée afin d'appliquer le droit *ad valorem* sur le prix de vente au détail toutes taxes incluses, plutôt que sur la valeur en douane ou le prix sortie-usine. Enfin, le renforcement de la lutte contre le commerce illicite pourra être promu à travers notamment le contrôle des licences, l'usage de timbres fiscaux non falsifiables et la coopération régionale.

À moyen terme, un approfondissement analytique et institutionnel pourrait consolider la politique fiscale relative aux produits du tabac. Dans la perspective d'une révision de la structure de taxation, il serait opportun de mener une étude détaillée du marché national du tabac afin d'établir la charge fiscale issue de la composante *ad valorem* et du minimum d'imposition de chaque marque de cigarette. Une fois la directive communautaire révisée, en fonction des capacités administratives, le prix de vente au détail toutes taxes incluses pourrait être retenu pour l'assiette d'application de la composante ad valorem. Une révision de l'exonération des droits d'accise sur les intrants destinés à la production locale pourrait être envisagée. Enfin, le Cameroun pourrait mettre en œuvre un système de suivi et de traçabilité des produits du tabac, outil clé de lutte contre la fraude.

La fiscalité des boissons alcoolisées pourrait être optimisée pour renforcer son efficacité tant sur le plan budgétaire que sanitaire. Les boissons alcoolisées sont soumises à un droit d'accise *ad valorem* de 25 %, majoré d'un droit spécifique selon le type de boissons. Diverses mesures peuvent être considérées à cet effet, telles que la réduction du commerce illicite, l'augmentation graduelle de la composante spécifique des droits d'accise et son indexation sur l'inflation la croissance des revenus. La suppression de l'abattement de 10 % accordé aux bières titrant un degré d'alcool inférieur ou égal à 5,5 % est à saluer.

La fiscalité portant sur les boissons sucrées pourrait également évoluer afin de la rendre plus efficace. En l'état actuel, les boissons gazeuses, eaux minérales importées et jus de fruit naturels sont imposées au taux normal de TVA et un droit d'accise *ad valorem* de 25% leur est appliqué. Un droit d'accise spécifique de 2,5 FCFA par centilitre est appliqué en sus aux boissons gazeuses, sodas et autres boissons sucrées importées. En premier lieu, l'assiette d'imposition du droit d'accise spécifique pourrait être élargie à l'ensemble des boissons sucrées, y compris celles produites localement, afin d'éviter toute distorsion de concurrence. Un ajustement de la composante spécifique en fonction de la teneur en sucre pourrait également être envisagé pour inciter à la reformulation des produits, si les capacités administratives le permettent. Enfin, le Cameroun pourrait considérer la suppression de l'abattement de 25 % pour le calcul de l'assiette d'imposition des boissons gazeuses.

Le Cameroun peut élargir son espace budgétaire à travers la réduction des subventions à l'énergie

Les subventions à l'énergie représentent un coût important pour les finances publiques. L'augmentation du prix des matières premières a poussé les subventions à l'énergie à un niveau de l'ordre de 3,4 % du PIB en 2022, contre 0,8 % en 2021, au Cameroun. Malgré leur caractère régressif, les subventions aux carburants représentent des montants 20 fois supérieurs aux programmes ciblés d'assistance sociale. Le Cameroun s'est engagé à réduire graduellement les subventions et à renforcer les filets sociaux dans le cadre du programme FMI (2023[10]).

La rationalisation des subventions à l'énergie constitue à la fois une opportunité majeure et un défi important à relever. Bien que destinées à soutenir le pouvoir d'achat, ces subventions bénéficient en pratique de façon disproportionnée aux ménages les plus aisés, qui consomment davantage d'énergie (Coxhead et Grainger, 2018[11]), ce qui accentue les inégalités sociales (Moerenhout, Sharma et Urpelainen, 2019[12] ; Rentschler, Kornejew et Bazilian, 2017[13]). Les subventions à l'énergie étant régressives, une réduction des subventions devrait donc entraîner une plus grande dépense additionnelle chez les ménages les plus riches (Graphique 5.14). En effet, la suppression totale de ces subventions entraînerait une perte de revenus de 41 % pour les ménages du quintile supérieur contre 7 % pour le quintile inférieur (Banque mondiale, 2024[3]). Bien que plus impactante en valeur absolue chez les ménages plus aisés, une réduction de ces subventions pourrait aussi augmenter le nombre de personnes sous le seuil de pauvreté si elle n'est pas accompagnée de mesures adéquates. Dans ce contexte, la mise en place de mesures compensatoires ciblées et une communication claire et proactive jouent un rôle déterminant dans l'acceptabilité sociale de la réforme. Les enseignements tirés des analyses empiriques indiquent que les individus sont davantage disposés à soutenir une réduction des subventions aux énergies fossiles lorsqu'ils sont informés de leur caractère régressif et/ou de leurs effets environnementaux, et qu'ils y sont encore plus favorables lorsqu'il existe une garantie que les économies réalisées seront réinvesties dans l'éducation ou la santé (Hoy et al., 2023[14]). La réorientation des ressources dégagées par la réduction des subventions vers des programmes de transferts monétaires ciblés constitue un levier important de financement de la protection sociale, à condition de disposer de mécanismes de ciblage (à travers le développement du RESUC par exemple) et de programmes de transferts efficaces (à travers le renforcement du PFS par exemple ainsi que d'une stratégie de communication adaptée. En d'autres termes, le renforcement des filets sociaux facilite et conditionne la réussite d'une révision des subventions à l'énergie, ainsi que la rationalisation de dépenses fiscales aux effets régressifs.

Graphique 5.14. Impact de la réduction des subventions aux carburants

Perte moyenne par ménage en milliers de FCFA associée à une baisse de 20 %, 50 % et 100 % des subventions aux carburants, selon le quintile de revenu et le milieu de résidence

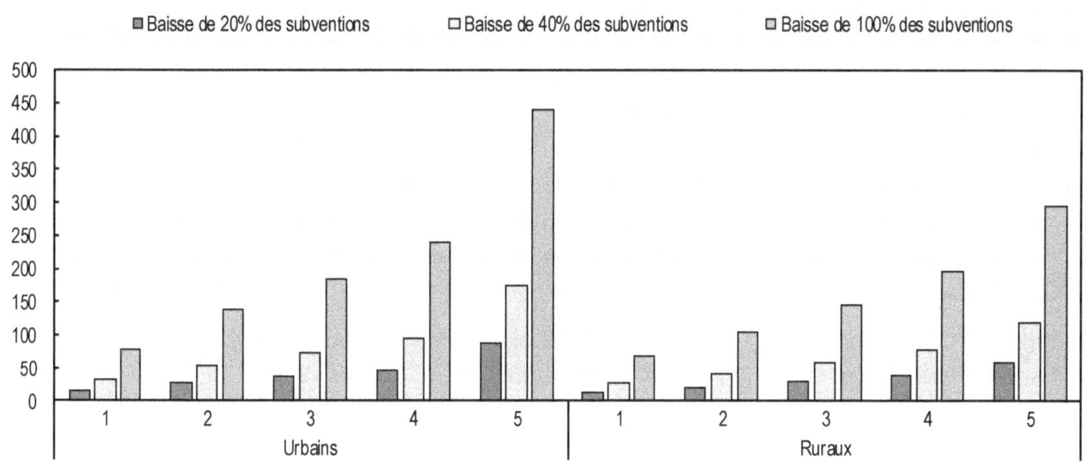

Source : Banque mondiale (2024[3]).

Le Cameroun œuvre au développement de mesures de politique et d'administration fiscales pour favoriser la mobilisation des recettes

Malgré des progrès notables en matière d'administration fiscale, une meilleure maîtrise de certaines assiettes pourrait augmenter encore les recettes fiscales. La récente mission d'évaluation TADAT a souligné les progrès significatifs du pays. Cette évaluation salue notamment les avancées en matière de lutte contre l'informalité (notamment le ciblage du gros informel), de collecte et de partage de données entre administrations (par exemple entre la DGI, la Direction Générale des Douances ou encore la CNPS), ainsi que les efforts de digitalisation. Sur la fiscalité des particuliers, la déclaration annuelle a été restaurée en 2024, générant 15 milliards FCFA de recettes supplémentaires, avec un potentiel appelé à croître grâce l'introduction en 2025 d'une déclaration préremplie.

Un effort est également engagé pour lutter contre la fraude et l'évasion fiscales. Avec l'appui de l'OCDE, des avancées ont été réalisées sur les prix de transfert et la mise en place de l'échange d'informations sur demande, devant être opérationnel d'ici septembre 2026. La maîtrise des assiettes d'imposition dans certains secteurs stratégiques constitue un enjeu d'administration fiscale prioritaire pour le Cameroun. Des réflexions sont ainsi en cours pour renforcer le contrôle de la production des brasseries (bières, sodas), où tout repose actuellement sur les déclarations des entreprises, en installant des outils de mesure automatisés sur les chaînes de production. La volonté d'une meilleure mesure de la production s'étend aux secteurs des jeux de hasard et de divertissement (les paris en ligne notamment), mais aussi à celui des télécommunications et du numérique. Une meilleure mesure des flux générés par ces secteurs permettra une application effective de leur fiscalisation et devrait soutenir significativement les efforts de mobilisation de recettes fiscales au Cameroun.

Le Cameroun explore par ailleurs d'autres pistes pour soutenir les recettes fiscales relatives notamment à la fiscalité du patrimoine. Cette réflexion inclut notamment un chantier important propre à l'administration et la politique de la fiscalité foncière, dont le rendement apparaît bien en deçà de son potentiel estimé. Des travaux ont été conduits par la DGI pour renforcer son efficacité, mais les résistances sont fortes. Des analyses additionnelles incluant des expériences internationales, pourraient nourrir les réflexions nationales.

Références

Bachas, P., L. Gadenne et A. Jensen (2023), « Informality, Consumption Taxes, and Redistribution », *Review of Economic Studies*, https://doi.org/10.1093/restud/rdad095. [9]

Banque mondiale (2024), *Collecter davantage, Dépenser Mieux pour atteindre les objectifs de la Vision 2035*, https://documents.worldbank.org/en/publication/documents-reports/documentdetail/099061224152015712/p17898211056460581bbe61114370399c6d (consulté le 1 avril 2025). [3]

Coxhead, I. et C. Grainger (2018), « Fossil Fuel Subsidy Reform in the Developing World: Who Wins, Who Loses, and Why? », *Asian Development Review*, vol. 35/2, pp. 180-203, https://doi.org/10.1162/adev_a_00119. [11]

DGI (2024), *Rapport sur les dépenses fiscales de l'exercice 2023*, Direction Générale des Impôts du Cameroun, https://www.impots.cm/sites/default/files/documents/Rapport%20sur%20les%20depenses%20fiscales%202023.pdf. [8]

DGI (2022), *Rapport sur les dépenses fiscales de l'exercice 2021*, Direction Générale des Impôts, https://www.impots.cm/sites/default/files/documents/Rapport%20d%C3%A9finitif%20publi%C3%A9%20sur%20les%20depenses%20fiscales%202021.pdf. [7]

FMI (2023), *Quatrièmes revues de l'accord au titre de la facilité élargie de crédit et de l'accord au titre du mécanisme élargi de crédit, et demandes de dérogation pour l'applicabilité de critères de réalisation et de modification de critères de réalisation*, https://www.imf.org/-/media/files/publications/cr/2023/french/1cmrfa2023002.pdf. [10]

Hoy, C. et al. (2023), « Building Public Support for Reducing Fossil Fuel Subsidies Evidence across 12 Middle-Income Countries », http://reproducibility.worldbank.org, (consulté le 28 janvier 2025). [14]

Mcnabb, K. et A. Oppel (2023), « Personal income tax reforms and income inequality in African countries », http://www.odi.org/en/publications/personal-income- (consulté le 2 avril 2025). [6]

MINEPAT (2020), *Stratégie Nationale de Développement 2020-2030 : Pour la transformation structurelle et le développement inclusif*, Ministère de l'Économie, de la Planification et de l'Aménagement du Territoire, https://snd30.cm/wp-content/uploads/2021/11/SND30_Strate%CC%81gie-Nationale-de-Deveppement-2020-2030.pdf. [4]

Moerenhout, T., S. Sharma et J. Urpelainen (2019), « Commercial and industrial consumers' perspectives on electricity pricing reform: Evidence from India », *Energy Policy*, vol. 130, pp. 162-171, https://doi.org/10.1016/j.enpol.2019.03.046. [12]

OCDE (2024), *Mobilisation des recettes fiscales pour le financement de la santé au Cameroun*, Éditions OCDE, Paris, https://doi.org/10.1787/abd4be35-fr. [2]

OCDE/CUA/ATAF (2025), *Statistiques des recettes publiques en Afrique 2025 : Similitudes et particularités des systèmes de classification des recettes publiques africaines*, Éditions OCDE, Paris, https://doi.org/10.1787/1ce28fd2-fr. [1]

OCDE/CUA/ATAF (2024), *Statistiques des recettes publiques en Afrique 2024: La facilitation et la confiance comme moteurs de la conformité fiscale volontaire dans certaines administrations fiscales africaines*, Éditions OCDE, Paris, https://doi.org/10.1787/cd87af6f-fr. [15]

Rentschler, J., M. Kornejew et M. Bazilian (2017), « Fossil fuel subsidy reforms and their impacts on firms », *Energy Policy*, vol. 108, pp. 617-623, https://doi.org/10.1016/j.enpol.2017.06.036. [13]

Wen, J., P. Gendron et L. Godbout (2022), *Réformes des grands piliers du système fiscal*, Rapport technique du FMI. [5]

Notes

[1] Les dons sont des transferts qu'une administration publique reçoit d'une autre administration publique étrangère ou d'une organisation internationale, sans recevoir de cette dernière un bien, un service ou un actif en contrepartie directe (OCDE/CUA/ATAF, 2024[15]). Les dons éligibles sont inclus dans les statistiques d'APD, qui intègrent par ailleurs l'élément dons des prêts concessionnels éligibles.

[2] De même, pour que le Cameroun atteigne un taux de pression fiscale de 20 % sous 10 ans (en supposant une croissance annuelle du PIB de 3,6 %), l'indice de dynamisme devrait être porté à 2 ; autrement dit les recettes devraient croître à un rythme annuel deux fois supérieur à celui du PIB, soit 7,2 %.

www.ingramcontent.com/pod-product-compliance
Lightning Source LLC
LaVergne TN
LVHW082050051026
849532LV00011B/3548
* 9 7 8 9 2 6 4 6 0 2 7 4 8 *